马克思主义稀有文献

《夏 声》

一九〇八年第一号

张远航 主编

中央编译出版社
CCTP Central Compilation & Translation Press

图书在版编目（CIP）数据

马克思主义稀有文献.《夏声》/ 张远航主编 .
北京 : 中央编译出版社 , 2024. 11. -- ISBN 978-7
-5117-4691-7

Ⅰ . A81-53

中国国家版本馆 CIP 数据核字第 2024CG1349 号

马克思主义稀有文献：《夏声》

选题策划 张远航
责任编辑 郑菲菲
责任印制 李　颖
出版发行 中央编译出版社
地　　址 北京市海淀区北四环西路 69 号（100080）
网　　址 www.cctpcm.com
电　　话（010）55627391（总编室）（010）55627392（编辑室）
（010）55627320（发行部）（010）55627377（新技术部）
经　　销 全国新华书店
印　　刷 佳兴达印刷（天津）有限公司
开　　本 787 毫米 ×1092 毫米 1/16
字　　数 491 千字
印　　张 73.75
版　　次 2024 年 11 月第 1 版
印　　次 2024 年 11 月第 1 次印刷
定　　价 980.00 元（全六册）

新浪微博：@ 中央编译出版社　　**微　　信：**中央编译出版社（ID：cctphome）
淘宝店铺：中央编译出版社直销店（http://shop108367160.taobao.com）（010）55627331

前 言

《夏聲》是陝西留日學生于一九〇八年二月在日本東京創辦的月刊，至一九〇九年九月停刊，此次整理出版前六期。《夏聲》語體爲文言體，開設論著、時評、學藝、文藝、雜纂、附録（多社會調查材料）等欄目。

《夏聲》以『夏』命名，有其特定含義。它在《發刊詞》中呼吁『毋遺厥祖國，終爲他族隸』，明確提出『聿修厥德，光復有夏；應天順人，丕承往哲』，反映了該刊的政治主張——推翻清朝反動統治。該刊的《本社簡章》宣稱：『本社以開通風氣，剪除敝俗，灌輸最新學説，發揮固有文明，以鼓舞國民精神爲宗旨。』其創刊號《夏聲説》一文對宗旨作了進一步説明，指出，中國之所以貧窮落後，是因爲『新智未啓，而故典不彰也』，所以，『值此危急存亡之秋，岌岌不可終日，鬱結于中，慷慨悲歌，時發于外，沈痛反復，冀希同胞之一悟而俗之一改也』。

《夏聲》具有鮮明的反帝傾向。在日、法、俄、英等帝國主義圖謀簽訂協議瓜分中國之時，《夏聲》第一期發表題爲《日法、日俄、英俄協約關系中國及西北之危機》的長文，指出這些協約無非是相約在形式上保持中國的獨立與完整，而在實際上使中國受列强的共同宰割和控制。該刊還着重揭露了沙俄的侵略野心，指出：

『俄羅斯素懷侵略主義，以開疆拓土爲唯一之趨向。』《夏聲》尖銳地揭露和抨擊了清政府所謂『新政』和『預備立憲』的騙局，它在第五期《策國民之前途》一文寫道：『今日之談憲政者，尤爲多數盲從者之所歡迎。』

《夏聲》十分重視傳播當時的社會思想與科技知識，刊發了《二十世紀之新思潮》《社會感情論》《農學之大要》《植物概論》《石油工業之一斑》《海底搜索器之發明》《最新型空中飛行器之發明》等文，讀後讓人耳目一新。

《夏聲》還發表了有關宣傳馬克思主義、社會主義的文章。該刊第三期發表的《二十世紀之新思潮》一文介紹了各派社會主義學説，指出『有倡財産分配之説者，以爲損富益貧，奪强濟弱，取社會現存財産均分之，以享同等快樂，是謂共産主意（義），于社會主意（義）中行之。最早英之勞巴爾托散希猛、福瓦裏葉及德之印額爾、露托帕爾斯、馬克斯諸氏先後主唱此主義』。文章指出，世界政治風雲變幻，思想日新月异，『由專制而自由，今又由自由制度漸趨于社會制度』；『自由制度』已『成晚照斜陽，行將就没，而黑雲蔽空、衝滔天之大浪而來者，即此社會主義之新思潮也』。作者一方面認爲社會主義是當代最新的思潮，而且氣勢磅礴，不可阻擋；同時又極力反對中國現時仿效社會主義，强調：『就吾國現勢言，非惟不能望自由制度津涯，即所謂專制者，亦屬極端之野蠻專制政體，若一旦睹斯世界之新潮流，欣羡而欲摹效之，夫不懼越級而登，致有顛越之患乎？』文章歸納各種社會主義的要旨是：『全廢私有財産爲人民全體共有財産，協力一致，從事生業，天下一家，四海同胞，大義昭然，泯絶偏弊。』它把社會主義分爲『空想之社會主義與破壞之社會主義』兩大類。作者關于馬克思主義、社會主義的這些介紹，在當時具有重要的進步意義，表明先進的中國知識分子開始深度關注國外先進的社會思想，有利于進一步啓迪民智，推動社會發展。

《夏聲》是陝西留日學生創辦的進步刊物，其刊載的有關宣傳馬克思主義、社會主義的文章充分説明，馬克思主義思想在辛亥革命前已經流傳到中國西北内地，充分體現了中國早期知識分子愛國意識和奮發向上的求索精神。中央編出版社此次系統性地整理早期傳播馬克思主義、社會主義的原始書刊，旨在提供珍貴的原始文獻，進一步推動學界關于二十世紀早期馬克思主義在中國傳播的研究。如有不當之處，敬請批評指正。

夏聲

一九〇八年第一號

SHARH SHING

夏聲

中歷正月二十五日
西曆二月二十六日
發行。

中歷每月二十五日發行

第壹號要目

目次

夏聲雜誌第壹號

夏聲雜誌第一號目錄

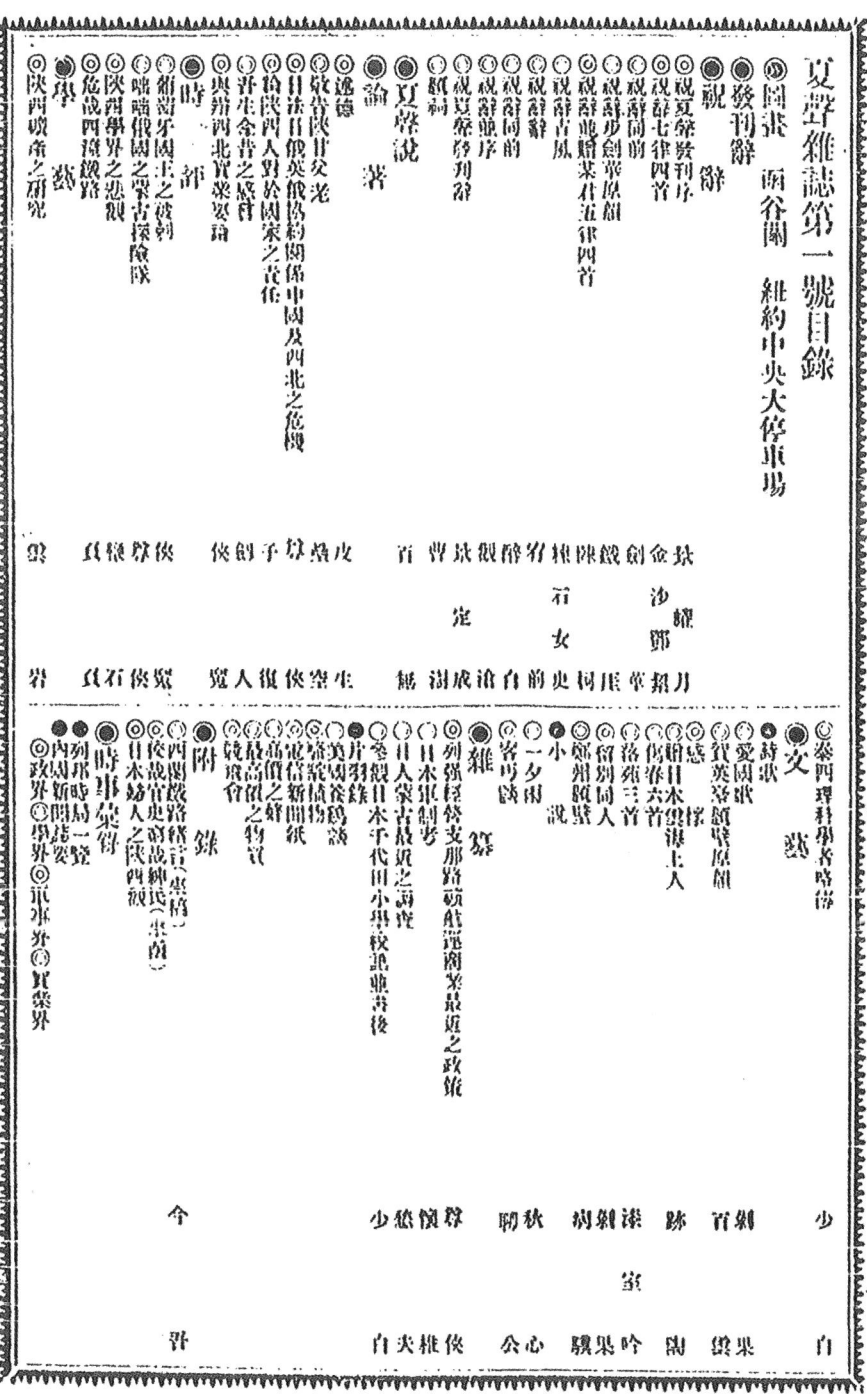

關　谷　兩

鐵道之盛首推美國紐約又爲凡百薈萃之區此圖即彼中中央大停車場也建於西曆一千八百九十八年車庫長七十丈年中上下旅客約一千二百萬云

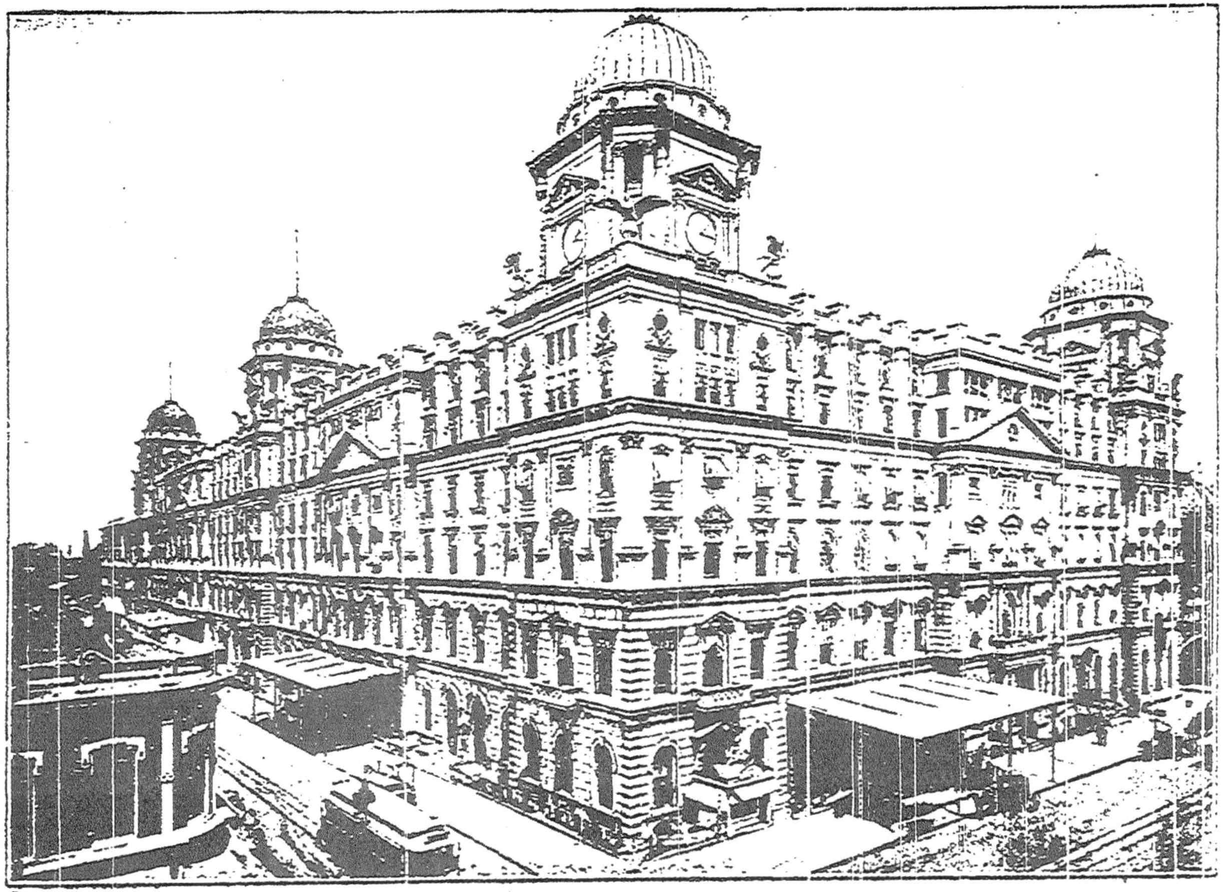

本社名譽贊成員

謹以先後爲次

陝西茹君欲可　捐助日幣二百元

山西景君耀月　捐助日幣參元

四川鄧君　絜　捐助日幣參元

山西相君黃六　捐助日幣參元

山西張君起鳳　捐助日幣參元

山西張君士秀　捐助日幣伍元

江蘇俞君劍華　捐助日幣伍元

江蘇何君瑞峯　捐助日幣貳拾元

山西景君定成　捐助日幣參元

山西喬君宜齋　捐助日幣貳元

直隸杜君　羲　捐助日幣貳元

湖南陳君 柯　捐助日幣壹元

山西邵君 鉞　捐助日幣弍元

山西陳君玉麟　捐助日幣參元

山西張君之仲　捐助日幣參元

山西蘭君燕桂　捐助日幣參元

山西王君士選　捐助日幣參元

直隸張君 信　捐助日幣參元

山西李君鏡蓉　捐助日幣弍元

河南燕斌女史　捐助日幣參元

河南李君殿墼　捐助日幣伍元

陝西李君自新　捐助日幣伍元

陝西劉君士楷　捐助日幣弍元

陝西牛君翰臣　捐助日幣拾元

發刊詞

黃帝肇造我國於西土惟時蚩尤逆德弗用帝命帝乃東征於涿鹿之野丕顯武功我民用乂粵自堯舜爰及夏商制作禮樂以爲民利周公嗣興益廣彙集大成是以周召之間汝漢之濱民習於禮而不亂二南之風大雅小雅之什垂爲訓典周京之盛民永懷之也降至後王罔率厥祖考之德苛虐我先民乃惟一二人之蕬慧繼是適慧以天不佑我宏祚乃移民用顛沛以及戎禍厥歷年所今我民竊於天天方厭亂思復我先人之舊俾我民奄有華夏克紹厥緒毋滋他族實逼處此以與我民相伯長予維我黎民乃祖乃宗令德孔昭爲生民之初載令我民克紹克繼用能尤顯以迄今茲予欲我民克終厥德毋滋後悔以爲古人羞毋遺厥祖國終爲他族隸毋若我昆弟諸邦惟奚及藏罔知奮發乃制於人昔我始祖黃帝治兵涿鹿之野以服蚩尤永有中土以遺我民

今我民亦惟承其志建功斯域用昭告於天以光我祖考之德其寶匪易念之哉光被四表以永有開惟基於今乃作頌曰

尊惟我后肇基西土宏厥武功光賁四域西域卒服遐邇歸德發荒朔漠櫛首畏威乃惟先哲日厚民生察物觀象敷厥文明大地環居類族攸分智德發育無先我民惟厥後人兆克負荷弱滅是滋典章攸墮蠻夷猾夏寇賊內訌神洲陸沈顛覆民生黃流渾渾華山巖巖惟高與深民具是瞻聿修厥德光復有夏應天順人丕承往哲載拜作頌俾民是聽於赫有紀億萬斯登

祝辭

謹以　諸君惠寄先後爲序

居九州之
維首乃鈞
天之上宮

庭 茶

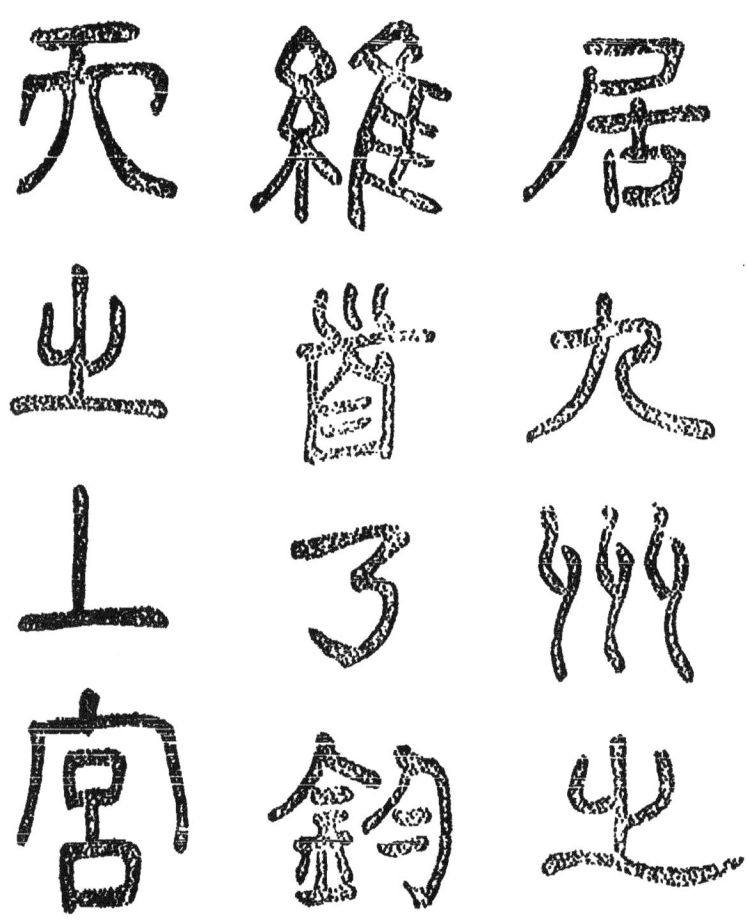

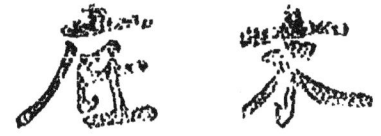

祝辭

祝夏聲發刊序

甚矣諸夏之衰也悲夫可爲閔歎者矣昔我先后衆夷狄驅猛獸撫萬民度四方肇我邦於有夏荒服欵塞四夷咸賓其本甚強固張大而末葉稍稍陵遲衰微也鄙人有言曰夏暖而後諸夏何其紛紛也明王不作諸戎爲大作姦猾夏爲盜無虛日戎夏交猝不絕厥居自有周以來諸夏爭於廢興矣西周之末犬戎敗王師弒天子驪山下諸夏大邦縣未有勤王攘夷一旅者也時師出救周者惟晉與鄭鄭小邦時晉未大二國共微弱周桓公之言曰我周之東遷晉鄭焉依其志哀已鄙人有言曰自茲以下者夷狄之禍滋起矣春秋二百四十二年間五侯九伯準君賢佐糾射隸卒死而後已則在攘夷一事也仲尼生衰周之世作春秋內諸夏外夷狄其慮深遠矣嗟乎古之人謀黃髮番番則無所過嗟乎先若彫謝後生不識緜蒸之心日遠日

宗諸夏之亡是誰之辠與鄙人有言曰。自茲以下者姬姜之族姓式微矣東夷北狄交征諸夏其存其亡非可豫知已先民之言曰高門大姓十五而非五帝三王之支庶其意傷已於戲。是誰之辠與是誰之辠與昔者周太王避狄難率西水滸遷於岐下。則與西戎爲居也至文王撫有西夏。諸夏之民歸之岐雍之間遂爲夏族神明之奧區厲王失政。西戎反王室宣王乃始以秦仲爲大夫誅西戎也自犬戎敗幽王秦襄公率師戰甚力有功。平王東遷雒邑避犬戎難襄公以兵送之平王賜以岐以西之地曰。戎無道侵奪我岐豐之地秦能攻逐戎即有其地襄公乃受周故地列於諸侯至文公伐戎。遂收周餘民有之地至岐繆公用伯西戎。則侔於東夏齊桓晉文侯伯之列矣。君子曰。秦自秦仲以來已有車馬禮樂去戎翟之俗而有諸夏之聲治繆公修政則已。儼然列於冠裳禮樂之會矣於戲豈不偉哉昔吳公子季札聘於上國。聞周樂於魯歌秦曰此之謂夏聲。夫能夏則大大之至也其周之舊乎於戲豈不偉哉。非席有先王之餘烈而能揚厲若是者乎可與東夏國風爭烈矣夫論秦之仁義不若周晉之美盛者是秦之武功不如三晉之豐也而於周室所來建社稷。血食者

二

爲最久且大豈非以是哉於戲懋哉後有君子可以志矣今者諸夏昆弟之世於三秦者作爲夏聲以討國人予聞之曰甚矣六代之樂之遠也久矣大咸池六英不太下里耳折揚皇荂則嗑然而笑舉世荒爲豈復知正聲乎今者漆中昆弟雖思先民之志念諸夏之德欲復夏聲之大而音樂節奏與非復先王之舊矣居今之世思古之道所以志也已先民有言亡國之音哀以思其斯之謂與昔吾聞之黃帝張咸池之樂於洞庭之野而聞之者懼今張先王之樂於亂世之末流又烏知無驚而却走與夫愀然不樂者噫悲夫倘其厲之諸夏文獻久矣太音聲作以流大夏之德其在斯乎吾於夏聲之作見之焉於戲欽念哉欽念哉古之人有言曰舊國舊都望之暢然雖使丘陵草木之緡入之者十九猶之暢然況見見聞聞者也昔者周宗尚全盛而行役之大夫過故宗廟宮室尚閔宗周之顚覆旁皇之不忍遽去作黍離以見志而況於之人乎而況於今之世乎今使東夏士大夫豪傑有志之人行適宗周往觀夫鎬京辟雍之舊與夫漢唐宮闕之壯麗人物之瑰奇憤世之志可以勃然而作矣

丁未季冬晉芮景耀月序

夏聲發刊祝詞

金沙鄧絜

廿紀滄桑聲遠東神州波撼海天紅鼓鐘聲發三山外西北魂歸一卷中祖國將興
生亦樂星球有盡願無窮何年文字收功日百度來賓演大同
文明遺胄出西方葱嶺黃河屬故鄉關右邊功思盛漢圖中王氣軼殘唐隴山烽冷
秦宮燼離石虎興替華荒今古那堪榮悴感胡沙莽莽舊雍涼
獨上蓮花覽四圍黃河太白認依稀軍氣聚古三邊急禍水天方百道飛俄驚摩空
翮欲下寒鴻嘆月勢安歸內變外患誰能息太好金湯送夕暉
我來借箸策艱難前路茫茫總樂觀試馬天山胡運盡殖民瀚海漢圖寬一丸泥塞
函關絕三尺書飛隴阪安西北健兒齊努力華嚴再湧錦花團

祝辭

劍華

朔風蕭瑟月華沈極目西秦感慨深漠北危機誰過問終南佳境共登臨張筵凝碧
伶人淚暗渡陳倉敵國心秋色漢宮何處是一蟬飛去一蟬吟

岩蕪蓮嶽夢中看閶闔雲開錦繡圍細柳青鑾翻月碧昆明朱雀逐波丹龍城飛將
驚胡馬虎穴天神仰漢官秦豈無人休歲祝從來豪傑滿長安
衣冠文物化塵埃蒼狗紅羊幾刼灰日落猿啼鶴淚谷月明鬼嘯鳳凰臺驪宮忽聽
胡笳奏花信難爲帝子催烽火漫天今亦古令人莫使後人哀
四塞關河天府國百年爭戰帝王居藍田玉美人爭採丙穴魚肥世羨漁忽見白登
來冒頓應教青海戍哥舒洛陽年少憂時切太息長安——上書

步劍華原韻　　鐵　厓

誰使神州竟陸沈北來石渴感偏深空間藏匿防胡策久識奇謀人念心渭水潮流
歸猛悲驪山烽火作登臨匈奴未滅家何有無定河邊莫苦吟
愁向龍門放眼看江山枉說錦華團國魂莫覓長生殿漢室終無却死丹遺恨苦心
悲宣父罵胡慘劇憶伶官鯨吞蠶食憑誰阻每飯難忘白武安
帝王宮闕已塵埃無復阿房付楚灰民族方針千年谷炎黃遺胄望思臺戀悲六國

軍書急（各省雜誌又先夏聲出）又見三秦羽檄催不用吾謀心莫死西鄉杜宇草間哀（吳君劉君雜誌已出第三期）
李廣終為秩虜出桃源今豈避秦居灞橋月冷悲鴻客太液春來詩老漁移向沐閒
王鎮惡緩刑應愧路溫舒關河百二誰家土請看儒生讀漢書

祝夏聲發刊（並贈某君）　陳　柯

一據崤函險中原氣可吞周人起豐鎬華嶽接崑崙王氣萃中古精魂武誦無衣
三什在還我自由魂
亙古一秦皇長城峻國防神州原大夏天險號咸陽老子騎牛去猶圖逐鹿場長安
一片月歷照幾興亡
浩浩黃河水晉唐食汝頻夏終知必大秦勿謂無人渭北衣冠古關西鐵漢新開將
好修政海內要天民
妖氛滄海橫晉好盼西京故國懷秦漢關儒溯宋明地球雖缺血天府自金城一自
秦風歇千年見夏聲

祝辭

煉石女士

西嶽崢嶸何壯哉雄峰亘古橫天開神龍一去不復返日月空照阿房臺阿房臺榭
生荊棘白人笑立驪山側吁嗟乎秦中自古帝王州川洛渭咽不流前朝王業今
安在惟有蜂房水窩之墟亂石邊沙灣覓尋振起英傑愛國愛群肝膽熱不用長
戈與利刃手揮彩筆飛白雪鈞天聲發如雷鳴睡獅喚醒還求驚還我山河真面目
東遊遙望咸陽谷民族精神貫天下中原遍地春光綠

調寄滿江紅

若前

渭北終南可仍是漢家所有眼見得河山如此那堪回首古道當山秦闕月亂烟殘
樹隋堤柳想男兒立志飲黃龍一杯酒　頭顱好黃孫宜亡國恨君知否看前朝
奇勳數逢陽九華嶽瑞藏孩穉越長城脈脈連天走借毛錐繼代槊烽刪學才斗
執玉關中重收拾舊時人定曾記得山河百二金樓玉瓦豐草長林居窮歐瀟闖破

石走胡馬待何年重睹漢衣冠歸王化鼓吹力如江瀉烽烟起偏關野香中興男子追蹤五嶽慘淡雲屯汾水外淒涼月冷崑崙下試鳴鞭聲衆氣吞胡羣聲殺

調寄漁家傲　醉白

破碎山河春去後時清莫問終南叟鬱律蛟虬河上吼將進酒胡人醉將奴人伯餘子紛紛羞瓦狗臨洮牧馬伊誰咎嘯血丸泥封谷口休袖手夏聲將大君知否

祝辭　觀滄

導源大河奔宅樞奧隴據上游觀於歷朝建國多都關中渭取甘涼作屏蔽蓋未嘗不歎為吾中國聲明文物之出產地也頃自漢亂務篡黔首朝姓相襲其風滋張而古昔盛跡遂無復留加之海通以來東南以地近港口交通便利泰西民權之說輸入較早於是西北一隅政府乃視為安置貪鄙無能力之官吏之閒散地而風氣錮塞民俗彫弊蓋不遑問此有識者所為太息痛恨而無可如何者也頃者秦隴留東

諸君將刊夏聲雜誌其宗旨在發皇古昔固有文明用以儲育國人之愛國心同時並輸入歐美近今文化爲我國人之導師夫國以民立無民未有能國者也矧秦隴爲吾中國西北衝要而可無發揚蹈厲之聲以振蹶民氣乎余於是益信夏聲之作之不可以已而嘉秦隴留東諸君之能大有造於桑梓也爰於其刊行伊始敬綴數語以爲之詞其詞曰

華嶽孕秀、河渭炳靈、先民是宅、誕育文明、士食舊德、農服先疇、爲雄國家、先天下憂、越在嬴秦、焚坑爲治、古昔文化、蕩焉掃地、亦越近代、政弊吏貪、掊楊敲撲、民氣摧殘、泰西天驕、厥力東漸、我民夢夢、情紬勢見、誰貽伊戚、爲厥國病、嶽色河聲、夕陽斜映、於戲壯哉、秦隴志士、賈生痛哭、勾踐雪恥、喚起國魂、之死未矣、闡明哲學、宏愛國情、鼓進民氣、建獨立亭、發憤爲雄、文字崢嶸、炎黃冑裔、四萬萬國、旗輝煌煌、民族璀璨、天下大勢、西北東南、發達順序、歷史斑斑、牛耳壇坫、議論縱橫、振起全國、視此夏聲

夏聲發刊祝辭

晉安邑　景定成

西望龍門　始通大夏
晉上絳汾　匯連渭雒
晉之與秦　唇之與齒
願賦同仇　長城並倚
發公奮志　光纘卓游
重關百二　萬轂千櫓

題辭　曹澍

蒼茫中原血戰地況當大亂未戡時烏呼門下人思亂更逆圖中常出師介冑王孫思饑騎蓬戎女子賦無衣拚將百二秦關險危坐從容置一棋神洲終古竟如此當歎王師氣不揚竟忍仇讐忘九世願盟昆弟決三章當州自古連西塞王氣而今出朔方日暮滿郊入敵虜可憐無地定咸陽

夏聲說

百無

余曾讀夏周之詩及詩之豳秦諸篇什臨觀雍梁上懷舊德載瀰周秦漢唐之遺蹤而上下今古未嘗不欷歔流涕也及觀吳季聘魯請觀樂於周爲之歌秦曰是之謂夏聲且謂其能大歎爲周舊齎念以役遠處幻夢猶聞樂而知德如此謂其在桑梓者乎大樂之及人易入而感深固也夏聲在吾雍縣而不奏久矣民且忘之焉在其能感也雖然波靡者朋流之恆也鼓吹者吾儕之責也詩曰毋念爾祖聿修厥德吾惟弗修德是滋惑當非所患也是則夏聲之作其時蓋已暇匪徒不能已尤有可紱者何則夫時事之微也勢行之導也今之時勢果資吾者爲雨露播揚我翻厥綱綫有不及也則患在外黃鐘毀棄瓦釜雷鳴言論而行舛也則患在內高言議行擾情勢利汩然而弗知恥也則患在士軒聲高動長夜漫漫曉之而不醒也則患在民有此四患將降流之是懼而何有于雖是以獨之醉浙之潮洞庭之波鳴其不平以爲激勸大抵皆當時愛國之士發憤悲傷之所爲作也且即地倒名勸人較易不忘厥本義尤厚爲故吾陝苟無文明之史則已苟有文明之史也則欲以思古之幽情

抒救時之良策又不嘗以維之聲歌提絜人士之耳目者則顧名思義惟夏聲爲最宜蓋聲音今者必徵乎古聲趣新者不忘乎舊夏聲者由今之聲以維厥初也厥初奈何黑水西河橫截崑崙都指閩闢劃爲雍州則華夏首闢之區也成紀姜水犧農是生黃帝周文橋岐用宅則文化發源之地也德聲宏遠開疆絕域飛將伏波振威殊俗則豪傑偉人之所生也上自班馬下訖關學瑰奇之光歷世不沒則才人學士之所出也廣衍平野萬珍咸集則九州之上腴焉同袍散牧授衣歸戶則強悍勤儉之民族焉因此勢也以往進化固已騰躍萬國之上夫誰料其乃不諳國際厭綱民失其序陵夷浸洽以迄于茲遂使敵窺我隙虔劉我土地侵略我主權牽我瀛賊以來朘削我膏血愚弱我民人俾我洋洋之音將並喪爲諸戎宗我祖而相神其聽語曰觀樂云亡國于何有其此之謂矣且夫吾雍宏規鉅制固猶是夏周秦漢之舊也幅員之廣地利之厚自若也人民之衆風俗之良猶是車鄰駟鐵之遺而五都九市聯徧接軫之所致也然昔也威臨諸夏今則匿跡銷聲者何也新智未啓而故典彫殘也故吾儕不起而圖吾雍吾儕苟起而圖吾雍則發揮而光大之復宏我夏聲

其烏能有濟哉說文云夏大也故稱夏以象禹后之功旌夏以識特殊之制夏長曰仁亦取其有大生之意是則吾儕之以夏聲定名者其亦唯是言大吾民族擴大吾國力之意與而或者謂今日之維綱散久矣自治之方未足以為存甲兵之力未足以為衛工商之業未足以為利弱之肉強之食也渠渠夏屋將悉異族之入而考厥鍾鼓焉尙何大之足云雖然茲不可或忘盛不可不圖不敢慢然居之不可不蹶謀之不敢離依為之不可不先吾儕之故羅馬再建始作者實惟三傑北美獨立發聲者不自衆庶德意志之強尤非賢君相調其節奏不為功是以高氏歸氏唱于前而法人踵于後加富爾從立新聞而士民興起焉故曰一夫善射百夫拾決陽春未作羽聲寡和也苟勉諸而亡將乎安見吾夏聲之湮沒不聞吾誰之對其故步而長此終古也抑又思之夏之在四時也發生暢茂有進取之象無閉藏之意其發而為聲也發以散嘽以緩所謂以樂心感者近之夫値此危急存亡之秋岌岌不可終日鬱結於中慷慨悲歌時發於外沈痛反覆冀幸同胞之一悟而俗之一改也亦固其所安用取乎夏為者曰唯唯否否不然夫焦殺志微之音作則民思憂悲涼愈促之

音作則民思困慧夫晉國民生今之世上著官吏之歲劃內迫生計之艱難外壓國債之負擔終歲勤勤不獲饒閒道途相望氣如結轍亦可謂艱窘之至因之厥矣於斯時也不少發揚之民氣日沮喪矣蹈懦庸陋轉其勇往之志而長養其苟且之心哉是以國蔑下此少近樂觀記曰樂之道歸則草木茂區萌達羽翼奮角觡生蟄蟲昭蘇生者不殰而民無夭札宜乎之道亦云是轉瞬乎深谷為陵高岸為谷由盛而昌乃貧而約不智而愚斯愚而弱維道者寒用弗古者卞撓不圖殆將國勢若停于此寧勸勸懇懇以鼓吹我同胞乎將為發日夕以唱大漢之沙汰乎寧不避嫌諱以扶持國家乎將反古無聲以譚爭先人乎寧大聲疾呼以振聲而起詩乎將引聲鳴盛以效緣緣者乎奈顏取容日以榮吾身乎寧木鐸以警以徇乎將如蹙蹙之音以滑濟忠耳乎此孰去孰從孰優孰劣不待智者之擇勇者之決已可瞭然而得所歸矣故日實大則聲宏聲宏則聽遠音苟充吾實其雖無作作則萬發怒號遍者響者顯者微者畢作之顛當谷之隅莫不感其聲而應厥響焉吾苟脩吾實乎將不聞于比鄰況遠者乎。余用是再拜而非諭覓李子之言為前途賀且懼因是之謂覓聲

黃河航權之警告

甘肅士紳通信云「比人林阿德請洋工程師測勘黃河由甘至陜之航線據云將河身稍事疏挖即能行駛小輪費時只需四十八點鐘林某以一萬八千金包造小輪一艘並包挖河道以爭黃河航權」(又見九月二十日神州日報第三頁) 同人得此警耗不勝駭異方謀籌議中旋見西歷十二月十一日日本各報稱「比人包辦黃河之航業先由甘肅蘭州府至陜西西安府間行駛正在運動中不日可得其許可」所云與內地並神州報無異其禍患已迫眉睫近日路礦之爭幾乎無省無之大好河山任人斷送外人得步進步水陸交迫草木恐無寄生之地魚鱉將失孳卵之鄉而我猶行無釣游區域遑足計哉吾國三大流域天所以富庶我同胞也乃楊子江一帶已為異族攫中物西江幹權問題正在危急無何以地老天荒爲吾民族逐水草而居之發源地亦將被埋沒神州雖大死解無日外人握航權以致我死命其毒手與握路礦權等而需資金少開辦亦易倘不力阻任人攫取由甘而陜而晉而豫而齊萬里長河一口吸盡由茲澎脹力旁及各省伊胡底前者甘督升允私賣礦產陜撫許西潼鐵路贖收外股已伏西北陸沈之危機不旋踵又有此惡耗同胞同胞曾亦思俄人失志東隅乃轉視線於西域陜甘雖屬輿圖實全國西北屏蔽輔車相依唇亡齒寒 俄人以比人爲傀儡比人又以升允爲導線 土地財產拍賣殆盡同人已急電致外務郵傳兩部懇其堅拒勿允外並一面合籌對付方法嗚呼兎死狐悲惡傷其類陜甘者非陜甘人之陜甘乃全國人之陜甘也陜甘亡全國危矣用敢警告我全國同胞共起維持西北大局並謀驅逐升允之策以除剪禍根則西北幸甚全局幸甚

豫晉秦隴協會 十一月十七日

陝西第一牧場廣告

陝甘北境邊塞綿亘數千里野濶天空水草肥美其地宜牧已不待贅近者皮革毛織服用日廣牧業宜興亦日急本場同人鑒茲始先集合小資本擇地於陝西榆延間開辦俟有成效再圖擴充嘗蒙升撫曹中丞批准允爲咨部代奏立案其資本共集二十萬元分三年招齊自去歲經營以來頗多贊同股額已售過半誠出望外牧地採擇畧定不久即可開辦餘股願入者請向本場總事務所或各分售股處索章核辦可也特此敬告

西安省城內

陝西第一牧場總事務所啓

論著

論著

述德

皮生

踞黃河之上游位神州之西陬崑崙走於南徼函爲之險昔我民族自西徂東建國奠本肇啓宏圖者實始茲土當是時也。務張其民族之勢力擴大其版圖有進取之心而無保守之念故自黃帝堯舜以至夏殷咸都於冀若豫而不宅於我雍厥後中土漸定驅夷其所謂戎狄有苗劣等之民而東至於海南抵諸粵西北攘諸胡於瀚海之外務增進其文明以求所謂利用厚生之道故周公以制作之功稱聖至今當是時也。王者定都位乎東南之區則山澤沮洳將導吾民以不武建於東北大陸青淮兗豫之間則勢成瓦解無險莫厄方驅而出乎諸夏之戎狄或且伺隙騷動難於爲守於是宅於奧區因衆爲固及周之末文盛於質武力消焉至首都有徂遷之痛列侯無奔救之師而神京始洛王用不振然而懷蘇夏之防深種族之界畀其地於秦襄進其爵而使之爲禦用能西幷西戎東服諸夏秦穆以霸秦孝以昌當時智謀材俊之士生於六國而必求用於秦者感於吾秦人之能不辱周王之所詔而克奠吾民族也亦當時封建之勢已成强弩統而一之大帝國以宏我民族帝國之念其在斯乎故秦皇特與盡反所謂王政而建號始皇帝下令與民更始孔子生當周之季世其刪詩書定禮樂修春秋也於書始於堯典終於秦誓說者謂其逆覩秦之將繼周也夫穆公固賢主秦誓一篇區區焉能定其必帝其亦大其張我威武克禦外族之功耳不然以孔子而惟帝天下者之是賞其於春秋譏世卿之義不又戾乎然而當時帝秦之論之始萌芽也六國之士爭欲仆而蹶之故魯連因信陵而見辛垣衍乃有蹈海之論名固烈矣跡其一所爲說不過爲渠之王侯卿相謀安富尊榮計其於籌天下之策定夷夏之防者焉有所覩而詆秦爲虎狼彼當時士習於文弱嗇功利貴浮詞不復以武力爲意進取爲心者不於此而大著哉始皇旣統一天下紀功泰山大築長城於北邊起阿房宮於咸陽欲垂之萬世後嘗嘆楚漢之與劉季有取天下之器而短於用武項籍武功尙矣而跡近草澤其初入咸陽也一炬乃至三

二

月而不熄秦皇之所慘淡經營欲以遺諸萬世放大光明於吾民之歷史者而一轉瞬遂不可復見然而讀古人之書想像其偉大宏麗莊嚴華妙之觀則阿房之跡雖已消而阿房之名固與此世以長存也北邊長城至爲偉矣後之人徒驚嘆於其壯大否且謬詆以虛耗民力又烏知其爲謀之深且遠也蓋承其乃祖乃宗禦外患張武力之遺言而一統天下欲傳之子孫萬萬世者恃有此以爲防將久而遠之以大我民族帝國於萬世耳不然以始皇之英明奇偉而不知天命無常歸於有德而乃爲此狂言乎或又以焚書坑儒訾議秦皇夫三代以上之經籍非如今世可家有也學者必負笈担簦入乎國學而後可以遍覽全經學爲世用周末國學廢弛敎育壅絕當時得讀其書者惘其將墜也故講說山林冀延其緒孔子以講學而奔走侯國門弟子至數千人於是相繼而興厥風益爾然末流之弊遂至臆說紛出空無實用秦皇有鑑於學之無益於人國也或者焚而坑之不能謂其必無然亦何至如史家所云之酷耶又況醫藥卜筮種樹之書未嘗焚也有欲學法令以吏爲師由此觀之書籍之藏於國學與守之於吏者固甚夥也然而漢自文景後漸求遺書完編舊帙

四

不復有矣僅區區得諸民間或孔氏壁間耳不過十之一二而所謂醫葯卜筮種樹之書與夫官府所職史官所掌者亦不復覩則知書之亡非亡於秦皇而亡於咸陽之一炬者固甚信也且楚漢之爭以數年孤獨人之親戚焚燒人之廬舍前代遺物俱成灰燼士或抱持遺籍輾轉死於溝壑漢興天下喁喁思治甚殷而高祖以馬上得天下不事詩書數十年後始下詔搜求而當時老儒半已死亡學者不讀國學之書株守一先生之言以爲指歸而神州之學術亡矣漢承秦後。高祖謀都雒陽齊人婁敬脫輓輅爲言。乃入都關中。定居長安。自高惠以迄文景。治尙無爲與民休息。武帝始崇重儒生。任用經術。朝野彬彬。多文學之士矣然而用董生之言罷絀百家惟尊儒者遂使三代以來春秋至秦勃焉發生之學術灰消響沉不復再覩其光明爲士者徒抱持一經以爲終身之業而於當世之用則或絀焉此固帝德之累不能爲諱者也然張撻伐之威北逐匈奴而西通大夏西南遠至身毒南則諸越盡皆置郡於是威振殊俗領土開拓數倍於前偉哉帝功無間然矣當是時也。良將謀臣風雲俱會三輔宏農之士隴右燉煌之材咸乘時而起因能效用或奉使萬里張中國之威於西域或指麾三軍驅逐虜於水草之區班孟堅曰。秦漢以來。山東出相。山西出將。秦時將軍白起郿人。王翦頻陽人。漢興郁武、王圍甘延壽義渠、公孫賀傅介子。成紀李廣李蔡。杜陵、蘇建蘇武。上邽、上官桀趙充國。襄武、廉褒。狄道辛武賢慶忌。皆以勇武顯聞。蘇辛父子著節。此其可稱列者也。其餘不可勝數。何則、山西天水隴西安定北地處勢迫近羌胡。民俗修習戰備。高上勇力鞍馬騎射。故秦詩曰。王于興師。修我甲兵。與子偕行。其風聲氣俗自古而然。今之歌詠慷慨。流風猶存耳。（漢書趙充國傳贊）嗚呼盛哉。由此觀之我民族發展之力綿連數千載至武帝而丁其極而當時奮發我行材官輕騎之選悉晉秦人所謂有非常之遇必有非常之功者豈不然歟西京既頹。光武起於南陽。循東周之迹。有懷土之念。於是定都洛陽。居國之中。自茲以降。帝天下者務絀兵抑武冀天下之莫我誰何而又承前世大張武力之後戎狄遠竄不犯中原之塞故於時奮發有爲之士立功絕域者不數數覯矣然而班定遠奉使西域以三十六人而斬使降國威行萬里之外卒使西域五十餘國稽首內屬服我威德終漢之世無復邊患竊嘗論之。兩漢之治美矣而未盡善也兩漢之儒稱盛矣而周秦之學已亡破碎支離不古若矣獨武帝以雄才大略經營八荒戎狄是膺荒胡是懲張我民族之威垂大名於今古者則固吾民之所不能忘而思永保護之也當時如張博望班定遠。繼踵而起或探險萬里之外為吾民族殖民闢地之祖或身先士卒立功絕域揚大漢之聲於殊俗則又吾秦人之祖功宗德所當銘心鏤骨而永紀念者也降至蜀漢魏晉中國有閱牆之爭士大夫喜浮夸之談朝主皆庸法令弊如士或以清談為經濟以詞章為文學而去夷夏之防無藩離之備於是羣胡紛起蠻夷猾夏蓋自兩晉以至有隋皆我民族與異種血戰之史而實異種跳梁入居中原之漸也當時智勇之士。懷種族之念痛國家之亡惡蠻夷之阻我文明於是割據而處中原瓜剖數百年間盛衰相繼此仆彼興未嘗舉中國而統一於夷狄使神州全土淪為左衽者則其功固未可泯而有待於後人之張而大之也隋唐代興二統禹域此何其易如反掌而彼則數百年為之而終不得天道人事可以知矣有唐之世武德不競。文治或優。當時士務文學。習詩詞以歌詠見志。而三秦關輔之士鬱然而興不可勝紀。唐任兵於藩鎮。及其季也。君昏於上。而諸節度互相雄長角逐。建號据土以自爲五十餘年宋祖始起而一之當時逐鹿中原不復有意於邊事宋興而遼夏金繼起數百年間蹂躪我城郭殺戮我人民卒至金虜猖獗帝都淪陷喪亂流離國辱主俘貽大羞於歷史推原其故則宋祖懲唐季之敝害謀私天下於一家削節度之權弱中國之兵邊備不設國威不振有以使之然也是後北虜大張我武弗揚舉中國而爲所宰割屠戮受其魚肉者垂百年嘗嘆秦漢以降中國之學亡然而代有賢君猶能張大武力衛我民族有宋以還國亦云亡以神州之大黃帝子孫之聰明智力而受制於野蠻未開之民曾不能驅而去之使不汚我神明之土國之大恥孰有過斯我大明太祖高皇帝以布衣起而成恢復之業盛哉功不在禹下矣成祖繼興定都燕冀崇宋儒之學以廉恥志節勵天下士有明三百年間學術良美士知慕義季葉末世大儒輩出至爲盛矣然而都於冀北之野四戰之區與強力未開之族相接壤而莫爲之備及其勢力已成漸以逼我乃竭中國之力欲以事邊於是民不堪命流寇始作而當時執政紛更莫與爲謀故遂以思宗之英明而不能救中國之亡遂使神州陸沈衣冠掃地滅亡之慘忽焉再至傷哉蓋以睿聖聰明天賦特優之民

蹶起一隅披荆斬棘奠定斯邦四夷未開之族莫與爲强者今不數百年而夷滅之禍再見士大夫反顏事他禽獸而人立而一國之人相率而斂手耕足安爲亡國之隸吾秦人亦且匿跡噤聲同歸於盡昔之所謂鋼鐵從戎勇於公戰之風消歇淨盡不復作矣豈不哀哉然而明之亡也士猶有居多者。當時碩儒輩起類能以氣節自勵。死於國者。指不勝屈。黎州黃氏。崑山顧氏。衡陽王氏。二曲李氏。皆學孔孟之學懷濟世之才欲有所爲而卒不得志於是著乎冊籍留以有待後之人讀其書尙論其世當知其學之大時之難志之所守百世以俟而不惑而二曲李氏。以死自守强不能起其節獨苦其爲人尤不可及同時涇陽王徵氏。與徐氏光啓輩。從西儒利瑪竇諸人宗耶穌之教。習西方之學。其學以實事求是明理達用爲歸其遺書猶一二存者及燕京破陷。主殉國亡。氏當時退居里閭。不食以死。若氏者以宗教之信心守殉國之正義二百餘年之前即已昌言實用之學欲以繼周公之志於旣絕之後厥功偉矣二先生者。皆秦人也。由此觀之。吾秦地處膏腴古稱天府險阨四塞稱百二焉昔也代有奇特之才應會而起爲土地之光以耀於世今江山如舊城郭故然河渭東流趨大海華嶽高峙撥蒼天順寧林氏嘗謂秦人慕經學。重處士。持淸議。實他邦所少。而華陰綰轂關河之口。雖足不出戶。而能見天下之人。一旦有警。入山守險。不過十里之遙。若志在四方。則一出國門。亦有建瓴之勢。嗚呼。信如氏言。則自今日繼氏之志起而大吾秦於天下者其有人乎其有人乎然而回首鄉國顧瞻吾民蚩蚩者衆酣臥於厝火積薪之上相喣以涸轍之沫謂天地爲常在曾不知其家與國之危若累卵且莫之救以終極也是亦大可哀矣吾秦人也將欲振聵發聾起蟄龍於方覺揚大聲於斯世聿修舊德古有明訓是用昭述以遺我民毋曰陳跡丕顯明揚在我後之人

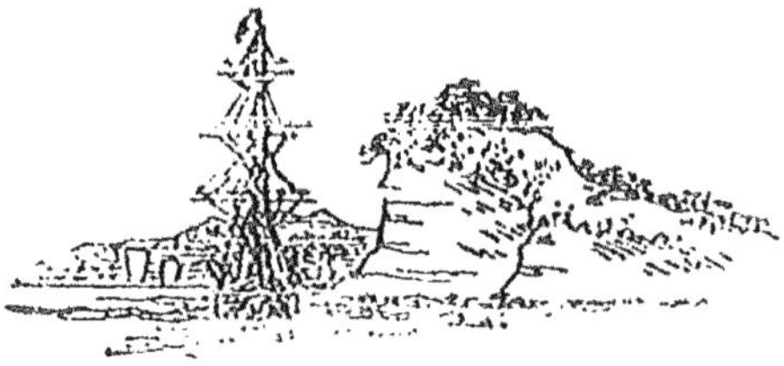

一〇

論著二

敬告陝甘父老

磐空

敬告我父老。此者有客自吾鄉來。見小子而語曰。子之桑梓危如累卵。爾關隴人能自爲計。猶可轉而爲安。若徒恃肉食者謀之。則殆已。小子聞之。愀然而問曰。何爲其然也。客曰。朝爾勸諭。夕爾督責。空文一紙。布遍里閭。非爾官吏之所以善風俗者乎。視學委員。巡行郡邑。供億頻煩。賄賂斯取。非爾官吏之所以興學校者乎。賦斂倍蓰。囊橐充溢。民變蜂起。殺人如薙。非爾官吏之所以保利權者乎。夫社會起原在風俗。人民教育在學校。國家命脈在利權。風俗敝則民德日漓矣。學校廢則民智日下矣。利權失則民生日蹙矣。三者具而爾關隴危奚待他哉。嗟夫。政之壞也。國之與民。利害安危。勢若相反。爲官吏者。雖有賢能。亦率挽兩間而罔決。從違至勢分。禍福之念動於中。無寧不從彼而違此。於是乎民不得不愚。士不得不抑。人爲刀俎。我爲魚肉

亦不得不舉而委之夢想不到之域況不肖者乎而爲之民者日耆曰我有子弟執政者誨之我有田疇執政者殖之甚矣其惑也久爲知夫彼我之不同休戚也亦已久矣今我西入玉門東出潼關蹤足乎涇渭二流之間誠見夫風俗敝學校廢利權岌岌不可終日故舉而告子子亦盍告子之父老早自爲計勿謂官吏果足恃也嗚呼我父老亦有感於斯者乎小子願即吝言證以一二事實爲我父老垂涕道之風俗之敝在嗜烟者合四民而類多有之富者謂爲分貧者謂爲安至藉口於衰病者又十而五六也衣食不暇計身體不遑恤平居無事晝伏夜動已耳若乃親戚往來友朋徵逐有燈在榻三五枕藉烟斜綫橫賓主歡甚如其無也則雖酒肴盛陳管絃並奏目弗適而耳弗悅以此驗人情之厚薄而已其敝在纏足者榆林一區極楷最赫嫉石折骨往往有之其餘州邑雖未至此然亦纖小競焉柔弱趨焉富者尚之貧者勉焉以此爲婦女之天職而已非直此也計財產而擇婿黷貨而問婦嘉耦怨耦味而弗思則敝在昏禮死者在堂奏樂演劇忘哀戚而競奢華富者耗財貧者破產則敝在喪禮若夫崇淫祀信邪巫城邑鄉曲廟宇巍然時値迎神舉國若狂賭博

二

禁開盜賊勢張斯則尤其敝者也夫人之入世也當轉移風俗不當爲風俗所轉移蓋人類者制作風俗者也風俗者人類所制作者也故以人類轉移風俗則因時矯變而社會日新以風俗轉移人類則歷久沿襲而社會日替此非小子之私言也東西各國政教修明風俗蒸蒸進學者猶起而矯之況如吾國之敝已極者乎今之吾鄉時勢日亟猝而風雨飄搖非固我社會以支持外患恃而可與免摧折之憂正賴縉紳先生蚤自振作先厥身以砭庸流合舊趨新以隱培國本若必狃於所習同流合汚置桑梓安危於不問則又奚取夫讀書明理之士哉學校之腐敗極矣爲乎已乎曰爲之而無益不如其已何則人之心思耳目本自競也無待乎人之競之也不挫之而已足以競之矣今世海陸交通也種族交處也學術交師也吾鄉雖僻居一隅爲士人者非必盡伏處而罔知自競向使知安坐求學爲不可望之事焉知不延頸舉踵曰某國有學校竊繙而譯之發憤有爲思得一當以廣求智識安見四海之外無升斗之水以活我耶即不然而富者輸財貧者竭力廣建公學教我子弟上至大學下逮蒙養亦庶幾其可矣然卒所以不若此者何哉則以官吏籠絡之密束縛之

慫陽與之而陰奪之之辭也不見夫州縣之小學乎困其經費謬其管理缺其教授陳陳相因依然一書院之陋習也位置私人調劑寒士教師之席依然一老儒之棲枝也不見夫各府之中學乎其視小學也學舍有崇卑學徒有多寡至於學科則無高下其腐敗亦相等已耳又不見夫二三高等者乎其在蘭州者苟且廢弛滅絕全國官吏之心路人皆見此痛無可言者也其在西安者耗費民財慫縱紳士皇皇焉以欺人耳目而二三紳士者亦喜離跂攘臂於其間甚矣其無恥也烏知夫不爲桁楊接槢也不爲桎梏鑿枘也不然斥退學生之舉至於再至於三者何以不自官而自紳也豈其頑固自喜以士氣爲囂張因以抑之遏之欲防隱患於無窮耶抑實奔走公門爍灼於暴橫之氣俯身自賤知非其敵不得不曲意逢迎摧殘士氣以甘犯不韙耶嗚呼居心若此操術若此夫復何責獨惜夫教燼殺閭閻風氣閉塞民智卑陋學務晦盲貧富子弟逾學齡而嬉遊者城市鄉井皆滿擔簦負笈之士奔走道路至則駢肩累跡於學校之門僨而不得入入而輒以小過逐之使出將終身不得與學業是興學無關於人民之學否徒爲紳士之求食學士地也雖謂已之又奚不可

吾鄉山河四塞民之生也不見外事動以利權之說或且茫然如此則路也礦也航路也視喪失之猶遺土耳亦何足怪雖然亦當知所鑒矣晉之礦蘇杭甬信之路洶洶者非目前事乎今有人焉一筐一篋兢兢自守初不知園林之至爲美利也及聞夫鄰舍之見伐於盜爲主人者奮力追奪一若其生命財產之盡在於斯則其人未有不驚掉而自爲計者也今西潼鐵路事起以來議者紛紛徒作築室道旁之謀坐令一鄉思賢招搖海上以貽禍他日甘肅礦產既見攫於比人黃河航權又將隨失吾鄉人漠然視之不思挽救或者徒託空言不得絲毫之實力曾亦知江浙拒款雖傭工婦孺皆解囊而不惜者果何爲耶嗚呼孰謂吾鄉人之愚尚可救藥哉農工商賈習先人舊業終歲勤勤爭利於錐刀之末士習無用之學富貴功名外別無所志富人悅犬馬好聲色財產累巨萬不救桑梓之急而甘爲官吏所魚肉賣爵令下則人挾鉅貲輦而入都以冀取虛榮如此耗財而已誰復知巨盜至將蹂躪我山河踐踏我田園發掘我祖宗墳墓吸取我人民膏血之禍將不遠也庸眾人心大抵狃於目前自謂所立者猶一片乾淨土耳而不知他日者欲尋一山一谷一徑一壑以爲

生而託處死而託葬之地豈可得哉諺曰。皮之不存毛將焉傅願吾鄉人之蹐財自私而爲巨盜積者一念及之雖然。風俗亦何嘗不易善耶學校亦何嘗不易興耶利權亦何嘗不易保耶使吾鄉人因客言而惕於危亡之禍則以吾鄉之人集吾鄉之財以圖吾鄉之急誰得議之而誰得阻之所不敢知者徒吾鄉人之心理耳心理不明則黑白自分也而目將顛倒之淸濁自別也而耳將迷惑之是非自判也而口將淆亂之茫乎昧乎孰復能正之哉大聲不入于里耳折楊皇荂則嗑然而笑夜半有盜入其室而發其篋家人自外至則執戈逐之是乃患結生人發爲環伺者之所以以我爲机上肉也舊道德舊禮法舊習俗舊信條範於吾鄉人之心盲焉從之千百年於茲矣今雖日月出矣而爝火不息公理昌矣而私說猶熾竊懼夫以藥蔽目以豆塞耳以茅塞心者烏知所謂眞是眞非耶又烏知所謂列强大勢中國危局桑梓隱患耶昔趙孟有言曰。吾兄弟比以安尨也可使無吠顧瞻中原若燕。若晉。若魯。若豫。若皖。若蜀。若鄂。若湘。若吳。若贛。若浙閩。若兩粵。若滇黔。舉皆抱痛鴒原互相急難豈吾秦獨不齒於諸夏乎士子談理學自有張馬薛段呂王諸先哲談武功自有班

六

張馬郭諸前人亦能傚其志節傚其規模乎車鄰駟鐵諸什尤吾鄉士子少所熟誦者不知今日猶三復否種種予髮渺渺故鄉嶽色悽其潸憤河聲咽而下愴臨書惆悵不知所云

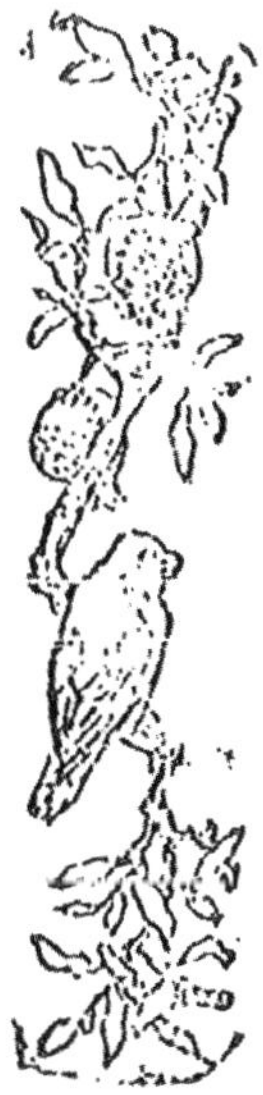

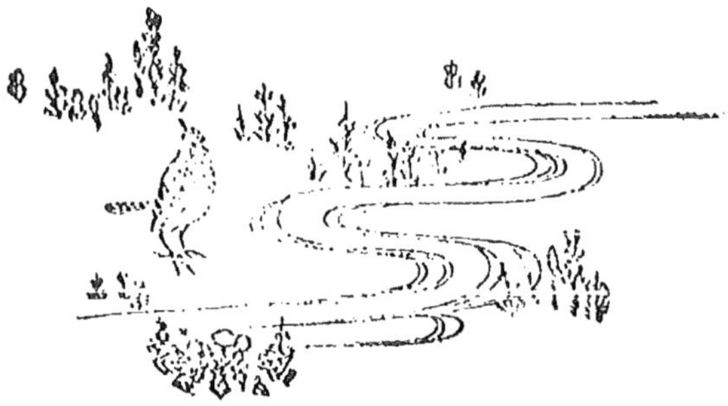

論著三

日法日俄英俄協約關係中國及西北之危機

尊俠

自日法日俄三國協約訂立成中國瓜分之局定自英俄協約告成後西北糜爛之勢成劃地分區此疆爾界爾無我許我無爾虞各認定勢力範圍圈目的物出其龍拏虎攫之手段運其鬼斧神工之伎倆以經濟政策戰殖民政策戰國境政策鐵道政策戰海運政策戰戰之而勝也則不費一矢不折一兵而收其實效於無聲無形之中戰之而不勝或阻力生焉則以鋼艦鐵礮實力盾其後至不憚以干戈相見然則世人謂二十世紀之平和海陸軍武裝的平和者非乎雖然此不足爲列強病也處此天演競爭劇烈場中優勝劣敗適者生存外間風起雲湧瞬刻千變我猶故步自封不知早爲之計故其敷設我鐵道開鑿我礦山經營我航運皆適授人以滅亡

之具而列強亦即恃此爲對待我圖謀我唯一不二之法門揚子江上下游已爲英日德汽船所鱗集來往游弋如入無人之境軍港要害雖被刼奪一旦有事兵艦不難朝發夕至英吉利經濟勢力膨脹彌滿於大江南北握東洋之霸權執商界之牛耳各國均莫能頡頏鐵路礦山凡有隙可乘者莫不百方以爭取之蓋以鐵道航運政策所到之處即其兵力所到之處兵力所到之處即其國權所到之處而近日競爭最劇烈最可畏者尤英蘇杭甬鐵道若晉礦銅官山浦信之問題未了西江警權黃河航運之干涉又開德意志以嫉妒英人之野心爲飛而食肉之舉遂要索開濟鐵路敷設權滎陽滎縣之礦產咄咄逼人乃忽有天外飛來之英法協力合謀建設中國鐵路電綫之警報以日本爲傀儡而藉以籠絡我政府（見十一月二十九日神州日報緊要新聞欄內、英國伯明罕日報倫敦訪事函）夫英欲得滬甯浦信蘇杭甬九廣粵漢川漢滇緬等法人亟涎廣東西部廣西全省及滇越滇蜀日人著志全閩南滿各國所繪地圖久已明載爲吾國人士所發見飫聞年來法人汲汲於滇越路工早已氣吞全滇而有進窺四川之概日人規畫遼東獎勵殖民測勘遊歷絡繹於道（丙午丁未暑假間、日本各大學高等教員、率生徒而滿韓旅行、兼授測地繪圖法、跋涉

二

明、以備他日乘機而動之大有可用也、山野、實地練習、蓋必舉我國地理纖細悉挾經濟政策爲前提而以殖民政策作後盾英人攫肥而噬貪婪無厭對我西藏尤爲譎詐自出夫西藏非特藩服直我屬地耳而英必欲表面上推崇爲有國家之資格藉通商之名以行其侵略之實是直取經濟政策而國境政策彼以十二萬公司而據五印度廣殖民地於地球者即操是秘術也嗚呼、自十九世紀滅國新法發明後列强之兼弱攻昧取亂侮亡雲譎波詭光怪陸離亦可謂無所不至矣茫茫二十一行省哀哀四萬萬同胞何不幸而丁茲厄運其性命其財產其脂膏悉爲外人所吸收敲剝遂形成一列强支配之中國道至四國協約成雖一草一木一山一水亦幾無不在協約勢力範圍之下聞者疑吾言乎則請觀各國經營中國路礦航運表有不心驚魄動髮豎目裂者尚得謂爲人類乎哉

(一)鐵路一覽表（據日本國民經濟雜誌其由本國經理者均從略下二表倣此）

第一俄羅斯管理者

名稱	線路	既設	未設	豫定	合計
東清鐵道	自滿州里至古羅的哥夫	一、三八八俄里	…	…	一、三八八俄里

四

同	自哈爾賓至寬城子	二三三俄里	……	……	二三三俄哩
京漢鐵道	自北京至漢口	七八五哩	……	……	七八五哩
河南鐵道	自開封府經鄭州至河南府		工事中	……	八三哩
正定太原西安	自正定府經太原至西安	……	工事中	……	四七五哩
蒙古鐵道	自張家口至恭阿古達	……	……	……	一、〇〇〇哩
吉林鐵道	自吉林至齊古搭	……	……	目下談判中	……
黑龍江鐵道	……	……	……	目下談判中	……

第二英吉利管理者

北清(關內)	自北京至山海關	二五四哩	……	……	二五四哩
北清(關外)	自山海關至營口	一七八哩	……	……	一七八哩
(新民屯支線)	自溝幇子至新民屯	六七哩	……	……	六七哩
北清(秦皇島支線)	自湯河至秦皇島	四哩	……	……	四哩
(天橋廠支線)	自高橋至天橋廠	七哩	……	……	七哩
(義州支線)	自錦州至義州	三〇哩	……	……	三〇哩
津鎮鐵道	自鎮江對岸瓜州至山東江蘇境	……	……	三〇〇哩	三〇〇哩
松滬鐵道	自吳淞至上海	三哩	……	……	一二哩
滬甯鐵道	自上海經蘇州鎮江至南京	……	……	……	一八〇哩
蘇州甯波	自蘇州經杭州至甯波	……	……	二五〇哩	二五〇哩
南京漢口	自漢口至南京	……	……	但留保布設權	……
鑛山(澤浦)	自澤州至南京之對岸浦口	……	……	但留保布設權	……
鑛山(澤襄)	自澤州至襄陽	……	……	但留保布設權	二三〇哩
信浦鐵道	自信陽州至浦口	……	……	但留保布設權	二七〇哩
九廣鐵道	自九龍至廣東	……	……	九〇哩	九〇哩
緬甸鐵道	自崑崙波經雲南至四川	……	……	一、〇〇〇哩	一、〇〇〇哩

第三法蘭西管理者

越南鐵道	自老開至雲南府	……	工事中	……	二七五哩
廣州灣延長	自廣州灣至高州	……	……	四六哩	四六哩
諒山龍州	自諒山至龍州	五〇哩	……	……	五〇哩
北海南甯	自北海至南甯	……	……	……	
第四德意志管理者					
山東（青島濟南）	自青島至濟南府	二五三哩	……	……	二五三哩
山東（膠州沂州）	自膠州至沂州	……	……	一六〇哩	一六〇哩
博山支線		二〇哩	……	……	二〇哩
津鎮鐵道	自天津至山東江蘇境	……	……	三〇〇哩	三〇〇哩
濟南開封	自濟南至開封府	……	……	二二〇哩	二二〇哩
第五日本管理者					
南滿（大連寬城子）	自寬城子至大連灣	四三八哩	……	……	四三八哩
撫順支線	自蘇家屯至撫順	三八哩	……	……	三八哩
旅順支線	自南關嶺至旅順口	一八哩	……	……	一八哩
營口支線	自大石橋至營口	一四哩	……	……	一四哩
烟台支線	自烟台至炭坑	一二哩	……	……	一二哩
奉安鐵道	自安東縣至奉天	一六〇哩	……	……	一六〇哩
奉新鐵道	自奉天至新民屯	四〇哩	……	……	四〇哩
吉長鐵道	自吉林至長春	……	……	四七哩	四七哩
第六葡萄牙管理者					
廣東澳門	自廣東至澳門	……	工事中	……	……

（二）礦山一覽表（同上）

第一直隸省

地名	坑名	坑主	資本額	礦種	注意	國籍
開平	唐山	開平礦務局	一、〇〇〇、〇〇〇磅	石炭	礦區二十方哩合炭量六千萬噸	中英比合同
開平	開平礦務局	開平礦務局				
開平	開平礦務局	開平礦務局				
臨城		臨城礦務公司	未定	石炭	有開礦權	中比合同

第二山東省

地名	坑名	坑主	資本額	礦種	注意	國籍
威海衛		威海衛金礦公司	六〇〇、〇〇〇弗	金	礦區九千六百坪	英
濟南府	千佛山、鵲華山	山東礦山公司		金	目下探礦出願中	德
淄川縣				金	同	德
濰縣	方子村	山東礦山公司		石炭	每日產一百噸	德
淄川縣	發陽坡			石炭	礦區約二億坪	
博山縣	大黃仙、黃家莊			石炭		
沂州				石炭	礦區十二億坪	
章邱				石炭		
萊蕪				石炭		
嶧縣		華德中興煤礦公司	四〇〇、〇〇〇兩	石炭	目下開礦中	中德合同

第三山西省

地名	坑名	坑主	資本額	礦種	注意	國籍
盂縣		福公司	一〇、〇〇〇、〇〇〇兩	石炭鐵及石油	礦區一萬三千五百方哩	英
平定州						
澤州府						
平陽府						

六

太谷縣 太原縣 陽曲縣 平遙縣 靈石縣 孝義縣		比利時公司		石炭 礦石油	礦區一萬二千方哩唯留保採掘權	其籍爲比利時而實權歸於俄羅斯
第四河南省						
懷慶府 衛輝府	濟源 修武 清化鎮	福公司	一〇、〇〇〇、〇〇〇兩	石炭其他礦物	礦區一萬方哩	英
第五安徽省						
銅陵	銅官山	凱約翰	未定	石炭	礦區七千六百八十萬坪目下交涉中	英
宣城	大平山 方山 青龍山	宣城煤礦公司	未定	石炭	礦區五千五百萬坪目下中止	日
第六四川省						
四川全省		英吉利公司	二、〇〇〇、〇〇〇兩		未採掘	英
瀘縣 威寧 綦江 巴縣 合縣		法蘭西公司	三、〇〇〇、〇〇〇兩	石炭鐵及石油等	未採掘	法
重慶	龍王洞		未詳	石炭	開礦中	英
第七滿洲						

黑龍江	漠河	未定	金	十年間能得九百萬兩之金	中俄合同
奉天	撫順		石炭		日

八

(三)航運一覽表(同上)

第一英國

晚香坡香港	每月二回	倫敦上海 各端每週一回	貨船每週二回
古拉斯哥上海橫濱	每月三回	斯撓西克、古拉斯哥上海日本英國	無定期
漠堡倫敦支那日本	每月一回	倫敦安特衛浦支那日本	每月一回
新約克東洋	無定期	孟買香港上海日本	每月一回
馬得拉斯柴棍支那日本	每月七回	加爾加打香港	每週二回

第二俄國

阿的莎浦魏斯德	每月二回		

第三法國

馬耳寨上海橫濱	二週一回		

第四德國

布列縮漠堡上海橫濱	每月二三回	新約克東洋	

第五北美合衆國

他哥馬香港	每月二回	桑港香港馬尼喇	
散地耳哥香港	每月一回		

第六意大利

列布耳斯孟買香港　每月一回

第七墺大利

特里耳斯孟買神戸　每月一回

第八日本

可崙特附香港　二週一回

横濱倫敦安特死浦　二週一回

横濱上海　每週二回

神戸天津　二週一回

淡水香港　每週一回

大阪淡口　每週三回

第九支那

香港新加坡　每月二回

支那各港之航路

社名	航路	回數
第一日本		
大阪商船	香港福州	二週一回
同	上海漢口	每週一回
日本郵船	上海漢口	每月六回
大東汽船	上海蘇州	每月一回
同	杭州蘇州	每月一回
同	鎭江揚州	每月三回

桑港香港馬尼喇

横濱彌爾波侖　每月一回

神戸韓國北清　二週一回

神戸牛莊　二週一回

安平香港　二週二回

社名	航跡	回數
大阪商船	福州三都澳	每月六回
同	漢口宜昌	每月六回
大東汽船	上海杭州	每月一回
同	蘇州鎭口	隔日一回
同	鎭江清江浦	每日一回
湖南汽船	漢口長沙	每週一回

第二英國

怡和洋行	上海天津	每週二回
怡和洋行	上海牛莊	每週一回
同	上海汕頭	每週一回
同	上海漢口	每週三回
同	漢口長沙	六日一回
印度支那汽船航海	上海牛莊	每週一回
同	上海汕頭	每週一回
支那航海	漢口宜昌	每月四回
同	上海牛莊	每週一回
同	上海汕頭	每週二回
同	上海甯波	隔日
和順	廈門同安	每日往復
臺灣記	廈門金門	同
開平礦務局	天津秦皇島上海	每週二回
太古洋行	上海牛莊	每週一回
同	上海汕頭	每週三回
同	上海甯波	隔日
同	上海漢口	每週二回
鴻安公司	上海漢口	每週二回

怡和洋行	牛莊廣東	無定期
同	上海廣東	每月五回
同	上海福州	無定期
同	漢口宜昌	每月四回
印度支那汽船航海	上海天津	每週二回
同	上海福州	臨時
支那船路	上海漢口	每週二回
同	上海天津	每週三回
同	上海廣東	每週二回
同	上海旅順	臨時
和順	廈門不島	每日往復
臺灣	廈門安海	同
同	廈門附近	臨時
打古拉斯	淡水廈門香港	九日三回
太古洋行	上海廣東	每週二回
同	上海旅順	不定
同	上海天津	每週二回
同	漢口宜昌	每月四回

第三德國

美　最時	上海天津	每週二回		美　最時	上海漢口	每月九回
同	漢口宜昌	每月三回		瑞　記	上海天津	
瑞　記	上海漢口	每月六回		禪　臣	上海廣東	每週一回

第四俄國（但日俄戰爭前）

東洋鐵道	旅順浦鹽	每月三回		東洋鐵道	上海旅順浦鹽	每月一回
東清鐵道	上海長崎浦鹽	每月二回		東清鐵道	上海旅順元山浦鹽	每月一回
同	大連旅順芝罘	臨時				

然則據右表以觀列強勢力範圍既經占定不過以寥寥數幅協約作形式上之具文而其中權利已隱隱然默契互證彼此可相喩於無言嗟乎、均勢已成魯陽之揮戈難返同盟既定漢家之宮社已非自玆以往列強在中國之地位勢力其既確定者日謀扶持之保存之發揮而光大之其未確定者培植之鞏固之苞桑而奠定之抱此政策各經營所劃分區域**其政策收功之日即其協約效力發生之日亦即所謂維持東亞平和尊重中國獨立擁護各國商工業均等待遇門戶開放機會均等領土保全結果之日也換言之即我中國四分五裂羣雄割據**

之秋也　然而此協約之生也不生於生之日蓋必有所由起中國之亡也不亡於協約成立之後亦必有所由兆起兆奚自乎則以瓜分侵略保全各派相持不下故也吾國甲午戰後瓜分極盛時代也庚子以降爲保全侵略兩派競爭時代也日俄戰局告終則又變而爲協約時代矣蓋列强深恐中國利權爲甲國所獨占壟斷乙丙等國不得援機會均等利益均霑之例則嫉妒殺氣暗中潛伏鷸蚌相爭終非各國之福故視線既皆傾注於一途遂求所以實行保全實行均勢各於勢力範圍之確定同認爲彼此權利之所在互相默契而各不妨害進行之方法即使偶有衝機伏在之處亦無不爲之豫防其危險而期保證其和平一言蔽之欲免其政治上經濟上軍事上競爭經營之衝突然必經此數層階級而始發明此滅國新法新名詞協約二字者亦滅國新法進化之公例使然也

何言乎瓜分極盛時代也自中日戰爭曝露以來列强深知我政治組織之腐敗兵備訓練之不精對於極東之狀態忽來一大變動遂各籌對待支那政策均欲自占地步而扶持其勢力然則謂中日戰役後世界政治經濟之焦點遷移於亞東大

地者豈不然哉俄國暗結德法逼日還付遼東遂得設中俄銀行代我支償賠欵保證公債四億法先得緬甸西伯利亞鐵道貫通滿洲鐵道敷設權之酬報法國旣得東京國境劃立條約之批准復有兩廣雲南三省及海南島不許讓他國之特約德人於此旣無土地之答報復無機會之可乘未免獨向隅焉然未幾而即有天造地設山東兗州戕害德國教士之案出德皇維廉第二乃欲大肆其蠶食鯨吞之野心遂遣其皇弟顯理親王任命極東巡洋艦隊司令長官突然有占領膠州灣之舉自德人有此橫暴行爲列強愈得施强大壓力之機運即俄國得旅大租借及延長滿洲鐵道達於大連之許諾英國欲保持均勢也待日軍撤退而要求威海衛又以揚子江流域一帶不得讓與他强國香港門戶防備必嚴故又攫得對岸九龍地域九十九年間借受之特權日本還戰勝餘威於償金割地外締結福建不割讓之條約嗚呼、此非所謂瓜分極盛時代乎然而喚起中國四千年之大夢者亦即自甲午一役始也於是朝野上下銳意革新奈方策不得其宜却增頑固派之反動遂釀成義和團野蠻之排外迨聯軍入京倉皇西狩又不得不讓種種之特權於列國今試舉勢力範圍內之面積及人口如左。

		方英里	人口
英吉利	長江流域一帶	八二〇、〇〇〇	三四〇、〇〇〇、〇〇〇
俄羅斯	滿州一帶（但在日俄戰以前）	三五〇、〇〇〇	八、四〇〇、〇〇〇
德意志	山東省一帶	三三、〇〇〇	三〇、〇〇〇、〇〇〇
法蘭西	廣東廣西及海南	七〇、〇〇〇	五〇、〇〇〇、〇〇〇
日本	福建省一帶	四六、三三〇	二二、八七六、〇〇〇

夫就以上情勢觀之。則列強實行瓜分猶反手耳。而卒以利議了結者何哉。勢力未充滿。利益不平均。驟施瓜分。則各國彼此間不免大起衝突。何若效老氏欲取姑與之術。陽示懷柔之策。而徐圖進取之法。然而俄德法即乘此而結三國同盟。占據滿洲。經營齊濵矣。英日美恐有害於在中國之商務也。不得不出而反對。蓋至是而瓜分之局一變。而爲侵略保全兩派競爭時代矣。

（未完）

論著四

論陝西人對于國家之責任

子復

圓顱方趾戴髮啣齒立而眾之儀乎其爲人也則從而人之可乎哉能語言能動作能食人食而衣人衣若是者其爲人更無疑矣又從而人之可乎哉噫形非不似也才非不若也有未敢知者在也不知奈何曰其心也迺今號能心人之心矣然使其在猿猱麋鹿也吾猶未敢遽許焉何則其類異也其類異斯其心不可強同限于天也今我伯叔昆弟邦人諸友幸皆得賦形無異莫不可心人之心有父子兄弟之倫有食息生生之德又幸而生于諸夏維我列考列宗實皆任文明之主導作邦國之先型雖今凡百君子智有等差才有高下要無不可造人道之極則盡天賦之良能此誠千載一時之機豪傑投袂之會其可不憤然振興心我當盡之心以一雪漢唐以來雌伏蜎縮之恥哉曰心心奈何夫亦惟盡所當盡之責任而已矣吾雍山有終

南太華之高水有河漢涇渭之深地形廣博風物沈鬱試一瀏覽史籍文物之隆武功之盛開國以來未有及我雍者也迄乎晉紀五胡雲擾我雍實棄于戎百年之間腥羶之俗是習禮樂文化日以淪亡雍之不振自玆始矣唐代定都厥見中興安史之亂再來胡馬猶賴雍人士不自暴棄汾陽首出桑梓晏然是非知責無旁貸毅然獨任其難而不辭何以及此自是而後一擾于金再蹶于元雖明祖統一重見漢官威儀而搶攘之餘元氣之衰已可想見及乎近世又以交通維艱僻處西陲僘同化外外界之聲息舉莫由至雍人士之前説者謂其疾雷破天而不驚大浸稽廬而無畏其果能不驚不畏乎其必有所恃矣吾馨香以祝之若猶未也盍亦拭目洗耳廣求聞見一受刺激于所謂疾雷大浸者乎然吾雍向者則誠如彼其昌熾矣今何以異于古耶豈時至今日猶非吾黨應盡責任之時英俊之士固藏其器以有待耶則亦曰形非不似也才非不若也其心則我不敢知也嗚呼其心而猿猱麋鹿之心則已吾今知其非猿猱麋鹿也抑非直非猿猱麋鹿而已徵諸往事實最富于責任心之民族也惟責任有時而為所放棄斯至于今而若不可救也故我雍之盛衰歷史

二

家之言曰視胡虜之消長地形家之言曰視交通之艱易吾則曰視責任心之有無抑責任心有廣狹二義對于團體者廣也。對于個人者狹也。由廣義則羣策羣力有利于羣者悉我責任我之身可死可殺可寸磔而責任不容不盡由狹義則身外無責任也有利于一身骨肉可夷妻子可棄同類可戕而利己之爲終不可綏二者。其始也皆所以求全其終也大有背壞義利之辨廣狹之分也今我羣人其于一身莫不知有單純之責任也然特其小而遺其大吾恐團體敗滅而個人將隨以淪亡廣之不圖狹于何有今請爲陳責任之廣義。誠能盡此廣義何爲邪成何求邪得胡虜邪交通邪爲之在我而已彼烏足以阻我限我哉我伯叔昆弟邦人諸友盍興乎來

今日之中國畸形之國也其人皆畸形之人也痛哉斯言。其自各失其責任心始乎各失其責任心是以疾病不將患難不救一省有故則曰于我無與也全國傾覆又曰非我一人所能爲力也一人不爲力推之以至于千萬人是全國人不爲力也一人曰于我無與推之千萬人皆如是云云是千萬人皆自外于人羣也夫至于全國人不爲力千萬人自外于人羣尙得謂之國而其人尙得爲人乎而今日之吾雖實

無以自逃于此罪吾欲言之吾何從而言之請自負責任最大者始則先言學界夫一社會中有最高之人格收最大之名譽且有最大之權力者莫如學者政府舉動學者得以監督之人民迷罔學者得而指導之有左右風俗之權有推挽官吏之力其于文明社會無論矣即我國立數千年專制之下亦有作爲文章恣其評議上更時政下革懈俗者說者謂言者無罪聞者足戒良不誣也故欲改革社會移風易俗莫不自學者始則學者之責任重矣而吾雍之學者今何如哉曩者科目之世其人惟利祿是視斤斤以得一科名爲務學風之不可問因其所也三數年之間學校之說大興亦旣遍立學校青年有志之士蔚然起而從之竊方私心自喜以謂前途一線之明機基于此矣然遲一年而學校如故也學人之智識如故也又逾一年而仍如故也老成無可借導勢不得不借重客卿客卿不易知也則今日更一人明日易一席此其有主之者也吾何言吾則不解青年有志之學生一聽其悠悠播弄遲延以卒歲乎抑將別圖所以對待之策乎夫爲學生者于其學業之成否固有責任者也一己之學業無成其責任固未盡不能同心合力以謀一團體之學成其責任仍

未甚也教育會之成立亦有日矣主之者亦學界中號稱人望尤所謂熱心改革者也然所以謀全體之利益者幾何許銘彝則聽其蟠據于師範而不能去之矣高等學生之衝突則無以調和之矣上導官府下迪後生固如是哉則今之學生若曾不異乎前者科目之人殆有由也然待文王而興者凡民也我雍人文特絕宜非皆所謂凡民迺不聞有無文王而亦興者北方之學質樸而近人其不放棄責任又其學風使然古先哲士既已倡之于前振其墜緒宜甚易易何至于今而猶寂然也夫陝西者非吾所可私有之陝西我全族公共之產也陝西之學界不振受其弊者不獨陝西矣然棄置弗顧于一人誠有恝然忍爲者顧將何以自解于合族之人乎吾不敢必謂他日事業成之者不屬吾雍他日文明導之者不在吾雍學者然以古先文化之區不能爭著先鞭無人之誚敢謂免哉此學界之不容或緩其責任者也次軍界夫樹國固必有確然不可拔之勢使外敵逞其威內數被其侮甚非所以安內攘外奠定我邦基也今宗社之勢方漂搖非徒漂搖也又實已淪沒止其漂搖而拯其淪沒其責任一在軍人三秦古多强悍勇健之士車鄰駟鐵渺乎尚矣其次如纛恣

自尊之倫讀史遷任俠之傳千載下猶令人聞風興起高義所播遞延迄于今而未衰蒲富臨渭之間猶往往有挾白刃橫行市廛而莫之能禁者其人大抵皆廣交游通聲氣其類亦皆自有其法度而其能遵古人之行不喪所守亦往往有足稱者澤以詩書宏以教育古之豪俠未足尚也養其銳氣作其羣心東西軍隊不足多也新軍之徵募意者稍近此乎官吏之爲吾無與焉吾惟聞應之者實繁有徒又多能讀書識大體者是以不禁額手而慶謂同仇敵愾之什不得專美于前長林豐草之間將不復有他人牧馬之跡而關中于他省有建鎭之勢一切事物莫不含大陸之性質軍隊之嚴肅而驚悍不待智者而知振西北之雄風張大夏之撻伐東出潼關河洛風塵不戰而自靖西走隴右以達新疆伊犂俄人西伯利亞之鐵道不足危我也南聯川鄂則扼全國之咽喉北鎭蒙疆則作大陸之屏障桓桓乎赳赳乎我武維揚守在四方矣而孰意事勢有大謬不然者逃亡之多也積習之重也自治之學未興而私德何以堅定世界之思想未萌而羣義何以昌明聞出境之大閱則退伍之心生聞期限之若遙則思家之念切夫所貴乎軍人者以其能奮不顧身慨然敢死爲

家國之藩蔽作社會之干城也今聞金鼓而色變見壁壘以心驚又安用此軍人爲哉抑大義不明功名是急公敵則懦私鬬則勇更安用此軍人爲哉吾卒聞之吾疑告者之過繼而見其言之果不虛也吾則有痛哭流涕思厥我祖父黃帝堯舜以迄文武兵威之盛播于八極苗蠻是竄荒夷是服及于孫子不能保有土地衛其宗社若無甚愛于祖父冒霜雪斬荊棘所得之物者一任他人割削掠奪以去不思所以抗制而挽回之方且夷然偸旦夕之安也盍亦反而思之夫向者豈能不瘁心力不用戈矛不灑頸血晏然而主中夏乎奈何今之軍人。不自知其責任之重之大如此。而論者方切切咎爲之長者。不能啓迪而訓導之。不知天理之在人心無時或泯亦不因人而異彼肉食者何足與謀獨惜身爲軍人而瞢然于目的義務之所在不能自明其德繼黃帝堯舜文武而爲肖子也徒令後之人過故宮而歎禾黍與荊棘銅駝之嘆周游乎四裔之間而緬懷往昔憑弔戰場慨絕好河山僅風景之不殊也可不痛哉次農工商界中國實業之不振數千年于玆矣陝西古稱天府地大物博一且農勤其力工致其巧商運其智轉約爲豐轉缺爲盈駕歐駕美非難也春秋戰國之世秦爲獨富可與并者惟齊然漁鹽之利官山府海之勢視沃野千里者終有別矣故六國者卒并于秦固人謀之不臧亦席履豊厚天然之勢有以成之也然則中國不欲振興實業則已欲振興實業根據地其在陝西乎然由今事勢以觀農惰于野工疲于肆商詐于市先疇之畎畝如故也而昔也上上今也下下高曾之規矩是囿也而昔也非巧今也愈拙錐刀之微末是競也而昔也繁昌今也耗敝力之弱也巧之澀也智之塞也其天性然哉毋亦習于因循之風溺于卑陋之俗有未盡其心力以忠于境遇之過歟夫農生之工成之商通之三者交相爲用農不忠于農而工受其弊工不忠于工而商受其弊商不忠于商而舉社會悉受其弊三者之盛衰社會所由成敗也今所謂根據地猶尚如是幾何不胥人類而趨于消亡也今請更別三者而言之陝西土地肥沃甲乎中國南涉北洛中導涇渭灌溉民田以千萬計省會左近尤盛稱道無水潦之感無亢旱之懼收穫之豐莫與匹倫農于茲者率事半而功倍此眞天之所授而非他省所能及也大與不取則受之殃而我農民惟坐守其成不思進步鄭白之渠財穀之府也任其日以淤塞曾不稍疏通之渭北地爲高

八

原引漆沮數河之水而與滷瀰之間無異也聽其自涸自溢曾不一濬導之森林之學不講將材木窮于供給也墾荒之策不行將膄壤等諸棄地也其他如殺蟲之劑肥沃之料辨土質審地宜諸術載在古典者尚不能竭心盡力以行之況新法乎人愛其力是以地愛其寶一遇雨暘不若則哀鴻遍野餓莩之餘何事不有老弱塡溝壑壯者散而爲盜竊丁戊庚辛尤可爲悚嘆者矣至是而猶不給向者之苟安怠惰一旦災害已成斯智盡能索謂天實爲之於人何尤嗚呼。其亦不思之甚矣一夫不耕或受之飢願吾農之三復斯言也工之爲道非小道也自人不能耕食而織衣于是乎有賴于作爲器皿百物以資便利陝西皮毛爲大宗他如延安之石油。耀州之瓷金紫坊之紙。醴泉之布。何一非日用必需之物製而精之何一非可以握絕大之利權杜外貨之輸入者然製革之法未詳織毛之術未精而貨棄于地者多矣製油聘有外國技師。然非其至者雖日可得四五千斤而澄濤無術未適用也燒瓷極力講求矣。而所用仍係舊法化學之配合一無所知顏色之渲染知之而未能詳也雖成形之後。間有可觀。而其質脆鬆等于土缶。紙少光澤而無堅韌之性。至于布則較之麻布。稍見細密而已。凡此數者皆有可精進之機而皆若此何哉。誠使全省人士皆知工業之關係綦大各引為己任不必其皆為工也。群焉建立工業學校出金貲選穎聰而誠篤者學于他國歸而董理各業不數年間將見實業之盛呢絨煤油不仰給于異地東西製紙花旗各布雖絕輸入之跡可也。不肯早為已迺自怨自艾坐睒他人奪我之利聽惑矣。世界大通。經濟裕者其國昌經濟絀者其國亡中國普理經濟者。莫如晉商秦與晉為唇齒習于其俗宜富于商業之智識。矣然瞠乎相後非僅尋尺其足跡不出里閭者以小詐相傾計所得亦不過毫釐之末又或明取暗奪掠主者之財以充一已之私橐衡量不一輕重隨心若是者姑不具論。皮商煙商之在湘鄂也。質商之在川蜀也。稍稍具商業之性質矣。然經濟界者最富于活動力其盈虛一視乎運動之遲速通滯者也如質商之流實最乏活動力者而吾陝之商率趨于此其何以濟哉夫欲強國莫先于富民欲富民莫先于振興實業陝西實業之國也中國欲振興實業莫自陝始若也陝人不自為之必將有代我為之者矣為之而在同族也將責任之謂何為之而在異族也吾憂追思今日之不盡責任令寶藏珍器胥轉而歸諸烏有將欲悔而無從也是又實業界之責任也。

（未完）

論著五

吾生今昔之感言

劍人

吾悲夫盡大地十方之有一塵一剎即盡玄虛太空而有一塵一剎之所由來當未有塵剎之先其爲狀也何若既有塵剎之後其爲狀也何似未有之前必不同於既有之後及夫既有而徵變於四周須臾而已失其舊物而纖微等於塵剎亦必遞經運會之周轉時節之改移今昔相續始成一塵剎之世界塵剎雖同而此一今一昔之剎那頃間爲塵爲剎者已不知幾生幾滅矣準此理以曠觀宇宙世界縱時而崩燬續其後者必有覺此崩燬之一日受此崩燬之一境者是崩燬已爲過去之陳迹感受之者其呈現若何不可知必有一境之殘存焉可斷言也故諸天皆盡今昔長存佛說虛空有銷殞無明無盡時者今昔之謂也生而無生滅而無滅者亦今昔之謂也今昔之爲義數廓若是吾將何自而言之將欲言莽莽蒼冥浩浩黃輿之外雖

二

有萬象廻漩吾不得而見之即不得而言之也將欲言天荒地老歷刼窮塵之後雖有興亡轉徼吾不得而見之亦不得而言之也將進而言吾人緣附以生之地球試一溯其千秋萬歲以前太素流形鑠石流金之世雖有斷簡遺篇之流傳吾依然不得而見之實不得而言之也即再進而一言夫吾已苦不能直切了解矣況吾生所不及接觸者而欲言之深切著明也不亦難哉雖然吾之爲吾區忽之微也至充極夫吾之所以爲吾則彌滿此世界搆造此世界銷耗此世界者吾也前夫吾而占領此世界者有幾何之吾後夫吾而占領此世界者又有幾何之吾且并世同夫吾者在谷滿谷在坑滿坑無往無如吾者在也不知吾惡知有世界惡知有國家惡知有社會更惡知社會國家世界之得有今日故苟欲知社會之所以爲社會國家之所以爲國家世界之所以爲世界且欲究如何而忽有今日之社會今日之國家今日之世界必自知吾始也無疑

今夫吾何自而有乎曰自原始社會之日而有離社會則吾不獨存故對於社會而必盡夫吾之所以爲吾而不可須臾緩社會因有吾之活動而底於圓成故不可一

日無我我必藉社會始能行使此活動即不可一日與社會離因是之故社會之分崩也根於吾生之腐壞有破敗社會之魔力吾生何以腐壞又原於社會之分崩而少夾輔乎吾之能事（此理累千百言不能盡別論詳說）進而國家之資於吾也愈大吾之賴於國家也愈切一日失國家是一日喪吾之生命而爲奴爲隸國家一日無我即如吾斷其肢體而一步不行故對於前途以謀幸福國家有時而鞭折轡絕也以吾之故吾生有時而肝腦塗地也以國家之故再進而納吾於世界之中所恃以爲生活之範圍愈寬吾之爲吾也至是而大難是吾本有於一切皆有之先既夫一切形成而吾反如產出於其中者焉故自有社會而吾爲一社會之吾自有國家而吾爲一國家之吾自有世界而吾爲一世界之吾一社會之吾與一國家之吾有異一社會一國家之吾與世界之吾尤有異國家焉而僅有一社會之吾不可也世界焉而僅有一社會一國家之吾尤不可也若以言夫吾之爲吾各以其時而能力均不足以相應焉勢必以吾之故牽連及於滅絕覆敗者可斷言也予故曰不知吾不足以言社會不足以言國家更不足以言世界者此之謂也此之謂也

明乎是則吾之今也何自而來居吾前者何自而滅之理不煩言而自解矣蓋前者今渺不知其歸於無何有之鄉而吾得存續其後吾之後復有如吾者恒河沙其以吾爲渺不知歸於何有者亦猶夫吾而吾之能占有今日必由於前夫吾者之既消既滅則此後恒河沙之吾出現於世亦必根於吾所依據之今日歸於無何有始產出後此之吾爲無容疑也故吾今吾相續不絕舉凡情識境緣之所錯綜精神物質之所攝護歧其名色異其種類不可思議之現象一言以蔽之今昔之異而已矣多生因流轉而成今昔吾生即於此今昔間由社會而國家由國家而世界相生相克爲相因相反爲相形相爭爲始而承受有殊繼而得失遂異須臾而强者替矣優者劣矣須臾而仆者伸矣屈者崇矣互爲乘除互相消長迄於吾目所周吾身所觸之上下四旁自生自殖代異其容之群生山雖猶是峙而高也水雖猶是駛而急也生物雖猶是日相搦猶也種種起滅動寂之形象舉不異夫吾所聞居於吾前者大率猶是也然此造物無盡之藏及吾生而能享有之衣食於茲住居於茲且充其智慾而予取予求無不如願相償焉試一返本溯原不知前乎此者演若何之戰爭經幾

四

何之苦痛未必如吾生之晏然無事而吾均未之見也吾不及見其締造之艱隨地而應乎吾境有此美滿無缺之感焉使反之而及身墮入惡濁黑暗之域當其吁嗟太息捨身排命以望其脫離苦趣冀幸極樂之際則慨念疇昔其歸罪於造端託始貽後人以無窮之累也必矣今何幸而含和飲德坐享此清寧之宇宙崇巃崔嵬之山激切揚波之水吾人得據而有之利而用之進而磊落英多之同類得日與爲緣智能焉於是發育慾望焉於是取需若此者前人亦未之見也吾不及見前乎吾者所處爲何如境吾以吾生當前之苑猝盈胸證之可無疑於前夫吾者之必爲何如境前夫吾者固亦不及見吾所處爲何如境而以其胼胝焦勞所演馴化合者卜之可逆知夫吾生今日亦必爲何如境可決言之前者爲其難後者爲其易吾念吾之幸愈以敬在昔之難蓋非有在昔過去之一日必無因而得夫吾及身現在之今日準是以談是吾之得爲吾其從來可深長思矣吾之爲吾其關係亦綦重矣苟吾而竟忘乎吾俄頃之間今吾已成故吾後之視今猶今之視昔一念吾所從來惡可使後夫吾者居其世而自我種其禍焉罪滋甚矣故對於前夫此者而言吾也實爲其

易使一措意於世運之無紀極文明之無定形而貌貌我躬仍將爲昔人之一日則難之又難較昔尤甚何以故前乎此者無吾生今日之幸即無吾生今日之憂又況後乎吾者之爲禍爲福雖不可知而造因作俑之責端在生今之世爲今之人也耶

上項所說乃就一般順遂之理而言也若謂凡今之人處於一世界中各各據有社會焉國家焉所負之責任綦重所享之幸福亦均也是又不然蓋吾之爲吾既如予嚮者所言矣是責任之於吾勿論何時何地而無能旁貸且因夫所處之地所遭之時而救熄焉至其幸福雖視夫吾生當前如何之境以爲比例若實根於前乎吾者所負之責任以爲取償焉術也是理予於上節已略言之故同一今也不皆享有共同之幸福而生於今也則均有責任之必負享優美之幸福者其責固因以不輕而比較間所得之幸福稍微以至毫無幸福之可言者其責愈益加重論者疑吾言乎盍反觀夫吾躋之今日吾亦人也他國之人亦人也他人所處者人所構造之社會人所組織之國家吾亦何獨不然何以他人於今日所至之處得伸張其自由得保障其權利吾於今日不於此剝奪自由則於彼喪失權利所不剝奪者野蠻之自由

國人所長者閉戶相維長除此則純粹的奴隸至於曰虐殺其人民倡優以對於外魍魎以向於內其喪失自由更可悲其橫決無人理又可憤也所不喪失者肉慾之權利肉慾之權利其語似乎不倫不知以野蠻自由得之者惟有肉慾之充盈而已例如國之人以做官為發財故一做官而舐癰咒痔無所不為當其如是彼豈不知此為最苦事哉及一旦優差美缺到手焉則潤綽無所不至矣此何故耶無他人所構造幸福之社會不自今日始人所組織幸福之國家不自今日起而享優美幸福者之苦心焦思於其當前之社會也國家也如老嫗之視其嬌兒焉又如情人之戀其所歡焉反之而我之社會為絕滅人道之社會我之國家為喪失人格之國家其為禍也豈得曰自今日始哉匪值此也且又時而鞭韃其嬌兒時而蹂躪其所歡吾國人之待遇其社會與國家與夫被待遇於社會國家也恰如寡情懸妓與下流嫖徒之比蓋實不知社會與國家之可愛加以惡作劇而且視為當然此說吾有別論嗚呼誰實厲階至今為梗吾生以前與夫吾生以外者吾不言矣然使及吾世猶不奮此大無畏以勤求無上之菩提焉則吾之今日彈指空花未來之惡劫不待普徧而使後之來者陷於茫茫之苦海焉我躬不閱吾固不能全引為吾罪但證以吾之何以有今日一念疇昔而恍也永歎焉則吾痛將來愈覺今日之不可一朝居吾之為吾責任更不可斯須緩且更痛方今恆河沙之如吾生者何不自我先不自我後而皆集於今也予故曰比較間所得之幸福稍微且豪無幸福之可言責任愈

益加重者豈虛語哉豈虛語哉吾念吾生淚涔涔其承睫矣吾念吾生之今昔而益感慨係之矣

由是言之今昔之爲理則一今昔之現象各殊此何爲其然以社會不同而國家有異之故吾生爲人類之一人類者又世界動物之一種當夫原始各各因天然之位置度其棲息之幅幗定其生殖之範圍於彼於此外界之薰習迥異在己之利害不侔遂各爲一團而種姓於以分服色於以別即各爲一社會創造之淵源有異而發育之歷史因以逕庭特種之構造亦於是乎完成而國家之名以啓故同爲人間之社會於此則穴居野處尙茹毛而飲血於彼則鐵軌蒸輪已挾山而超海彼以爲鴻荒太古之軼談者此猶賴以生存此以爲鬼物不經之神話者彼已見諸實事故雖同此世界有一國家焉已幾經演進而將底完全之域有一國家焉尙開萌茁芽而在顓蒙之世總大地之殊形河山猶是入國門而直視灌莽方深於此有於此之今昔於彼有於彼之今昔今昔同而所以爲今昔者不同兩兩相遇優勝劣敗於以分此所以擾擾圓球之上亡國多而興國亦多亡也倏焉興也忽焉充塞天地者興亡

之成迹判決此孰爲興而孰爲亡不過一今昔之觀而已矣因吾生而念及國家興亡之故今昔之感愈不絕於予心。

（未完）

一〇

論著六

興辦西北實業要論

俠魔

(五)擴充茶漆銷路

(六)仿造果物罐詰

第四章 結論

第一章 緒論

綜覽歐亞開化史埃及印度波斯世界文明最早國也初聚族衍蘇彝士尼羅來因諸大河流域而居每年夏秋交河水漲溢培滋兩岸良田於焉賴之以富以庶產業與人生之關係於茲已見端倪卒以地利不盡關諸政廢失外債纍纍墮經濟亡國術中人奴社墟如出一轍後世讀其書緬想往時慘狀有不禁慷慨欷歔者歷焉明而智者鑒前慮後防微知著遂能免覆轍之蹈且假其術以嘗試之實行之愚昧者徒知悲人而已乃甘墮於可悲之地豈不曰今昔異治國之大小異途鐵血而外無戰爭焉用是足惴惴爲以故斷送其土地放棄其利權江山無主草木空悲而群焉思啓者遂環集於狙肉之旁爭試鋒刀之割舉國夢夢如醉如眠噫何不放眼一覽現今大宙之形勢與夫世界各國滅人國殲人種之陰毒政策乎

叱咤風雲奔馳雷電脫除天地自然之束縛橫行濶步於高天厚土之間者此豈非我十九世紀文明進步之光芒也哉蒼海變爲坦途山岳化作康衢千里江陵一日得達天涯音信瞬息即聞跋涉關外殊域之山川振衣千仞岡濯足萬里流僧嘆稱夫吾祖宗之蟄居於藥大乾坤未能諳階前之地理也瞬刻之間萬軍粉碎霹靂之下堅城灰殘鎗煙彈雨之可驚可怖彼夫高壘深濠誇連戰連勝之威睥睨雲霞目無全敵之勇將猛士又何足道也艷稱洽聞博識之明哲賢達於今三尺童子且嗤笑其眼界之狹隘放縱驕奢極逸樂之富豪擲千金投萬億所得之快樂便利於今陋巷貧民亦能恣其所欲吾人之世界如此其進步吾人之社會如此其發達吾人之快樂幸福如此其增進此間遂生出一社會經濟之大問題而經濟發展即視爲國家人民之重要義務經濟充足則國賴以富以強反之則立見衰微不被滅於人者幾希其假經濟政策以亡人國也比之埃及滅亡時代不至百倍其毒而陰狠手段愈出愈不可思議焉吾欲言西北實業不先覩各國現時經濟界突進之狀態人或封於故步不思振拔其財產生業爲他人乘隙攫取後雖欲挽回不可復得故首

先論及經濟與社會之關係以使有志實業者之觀感而興起也　四

人生既有立腳地點即附有營養軀殼之財源田園產業他人不得相侵相奪占為已有自優勝劣敗天演自然裁汰之自由放任主意勝行始焉羣相窺覦擇肥而噬且內力既形膨脹不得不洩杯水於他邦亞東大陸遂為渾圓球上叢矢之的各國咸欲問鼎中原願分我一杯羹瓜分豆剖之危機暗伏於茲當道者築室道謀開門揖客既不足恃一班人民又不自衛其土地自營其產業自保其身家人之禍端而入奚足怪哉夫人民之能自富強而不為外族凌侵者必具實力以行實事而開闢實業界之利源尤其要也內勉於農產之增殖外圖夫商權之擴張是即立國之要務。與辦實業之基礎。蓋勉於稼穡而使發達其生產上之原力勵於通商而使增進其貿易上之利益是固當也然不計其工業上之勃興。微特輸出之貨物製品無多。而輸入之品物。日見繁盛利益既不相輔。貿易又失平均。民力遂因之枯凋此自然之數故欲興實業農工商三者必相提並進始克有奏否即無成效而人之謀奪我財產吸我精髓亦即於此三者漸次而並行兼施雖然。於此三者之次第各有不同凡已國自興其實業必先着手農業次工次商徵之各國皆然若侵人國家據人財權其起點始於商業次工次農徵諸各邦對待我國可知五口通商條約告成後各國咸爭得一良港灣以爲船舶往來駐所因而求開商埠築租界慾壑漸啓轉瞬得把持揚子江一帶之富源是即以商業爲侵略之起點現在過去之時代也近數年乃漸施第二層級手段着力於工業鐵路鋪設權之攫奪鑛山開採權之要求幾徧全國無省無其腥膻此蓋現在之時代而未來之時代乃屬農業近者西江警權正垂危機黃河航業將被盜賣飽於水者將及夫陸至升陸而要挾我田土深入內地而奪我民產以事農業則吾儕無噍類矣夫敵之所欲者吾土地也哀我同胞爲虎作倀者乃必欲使吾黃帝之子孫盡驅作白種之牛馬非我族類其心必異誰實逼此以與我中國爭此土也

雖然凡人敢以奴隸待我者皆已甘居於奴隸之地位世界之好市場好河山非第中國獨具胡我不要挾於人而人之偏咸集於我也有放棄其權利者斯即有延攬其權利者弱者肉强者食天演之公例然則欲斷絕人之不我窺伺必先自開其財

源。以從事於各種實業俾地力盡闢以免他人垂涎吾西北奧處深居交通不便久矣然五金煤鑛所在皆有長林豐草儲材實多本天然之實業場也向以關河四塞異族之足跡鮮至蘊寶深藏雖屬非計亦無大害近年來外人探險深入大事搜羅始之不暇計及者今則奔走竊奪之不遑去歲半年間。甘礦見賣於比商開比又轉售之俄繼而林業航業等亦爲比人所承辦此機一開群必爭馳百姓脂膏有限外人貪欲無窮若不亟謀自辦之法土地雖廣行將瓦解而坐以自誤者且貽及全國將不懼哉實業與人生及國家關係如此重大吾國富有天產之饒顧何以不自振興以維利權張國本乃甘懷寶啼饑坐以待斃此其中亦自有故焉吾熟思之而得二因。

人生以昂藏七尺軀介立於天地間既爲有機動物必賴身心以爲勞働使個人不重勞働則其人不能立身起家國民不重勞働則欲求不民衰國亡而不得勞働之於人大矣哉無貴無賤無智愚賢不肖皆必視其位之所在力之所能勤勞事業斯其人非遊民亦無曠生自後世因習慣而重陷於誤謬之地狹視夫勞働之範圍僅

以勞筋肉勞手足爲勞働於此而輕視蔑加相習已久一事不爲一業不營徒消耗破壞而得無限之快樂反享無上之名譽福里亞氏曰『今之所謂紳士淑女者徒衣徒食屬人類階級中最懶惰最放逸者之異名耳』其言洞穿時弊嗚呼習慣之誤人亦甚矣重實事實業之泰西諸國其弊猶如此矧我國素以崇仁義輕貨利相演成風而欲不爲習慣所弊得乎然稽我古代財政沿革史於振興產業勸工惡商非不至重且詳與寶藏殖貨財農事置官卝人有職至周秦諸子學有專家派爭獨立新說發明於斯爲盛漢興承秦之弊丈夫從軍旅老弱轉糧饋作業劇而民貧逐利之徒積餘業以稽市物物踊騰躍人至此咸賤商天下既定高祖乃令賈人不得衣絲乘車以重辱之高后時除其律然市井之子孫仍不得執贄爲官迨後匈奴數寇北邊乃令民得輸粟拜爵操富權者始稍見重於世降至武帝表章六經罷黜百家而農工商諸大政咸視爲末技踵事相增結習相沿純盜虛聲以爭名社會於操牙籌荷犁鋤者幾不齒人口焉故其生平所學者口談治國平天下之大道家無一錢餘裕日言修身齊家之要事反安於放逸自恣因之卑視實事實業徒耽夫空論

虛學父以斯訓其子師以斯督其弟相移相推以至今其不能立業成務以與各國爭雄於現世界商工業戰爭烈劇之場也宜哉重義輕利謬於故習此其遠因也。

開港通商事成。日見外人器物便利始而驚繼而羨終欲仿傚固有弊習因之漸破於是學人士子朝陳鹽鐵論暮著推算書競競業業若不終日然徒逐維新虛名鮮務實事其弊亦與前均故物質文明之輸入也固增我社會便利幸福而勤儉美德反撤地無餘放逸奢侈之弊俗因斯以起精神文明之輸入也人士智識藉以增進而高尚心思與一種可厭之學風又從而生薄躬行實踐嗜虛學經世治國之空架論驚天動地之冒險談復結成習慣即遠適異國爲吸集新學術而來之學人中或不免以踐蹤功名之念爲取徑終南計撫拾數句法律學且曰猶太學者工藝雖巧適以供他人建築使用畏難苟安崇虛棄實此其近因也。

綜以上二原因故雖吾國口談改革遷延至十餘年而一二熱心實業家百事經營欲一新社會耳目卒鮮成效反滋外人野心覬我愈急幾欲盡握我版圖爲彼族殖民地倘不振起全國企業思想以逐貿風潮流徒恃幅幀之廣恐精血被人吸盡形

八

式雖存腫脹之病夫而已其斃也可翹足待矧風潮澒洞環東半球而通航者數十國各欲握太平洋覇權執經濟會盟中牛耳競爭益劇斯進境益速生計界亦日闢日見發皇睇彼西方家給人足洵稱樂土吾民困苦其何以堪美哉中國之山河哀哉中國之人民懷璧坐斃寗不傷哉然吾不敢知曰在西洋經濟發展各國人人皆獲溫飽幸福無凍餒憂也又不敢知曰我國現値交通未廣時生活程度較低餬口亦較易比之生計過高國之貧民一日不事勞力即不得飽腹之苦況未始不稍爲差勝也以故吾於各國人民既羨之亦復憐之羨其生養之道寬裕無窒家累復憐其生活愈進步貧富懸隔上下等差愈甚窮苦者乃一限於卑屈奴隸之域終身莫返且於吾國人民既悲之亦復幸之悲夫吾民蘊寶於山藏珠於川不思操業營務力圖振作乃甘居於困窮任人侵蝕更幸夫吾國產業未大振興及今開始創辦鹽歐美富豪強橫之惡果播社會經濟平均之善因庶與日實業界中得放曙光或免此肥彼瘠之過懸等差而社會可享共同利益然吾爲斯言聞者或譏爲癡人說夢以爲吾民痼病已深昧於實業思想方今懸爵位以獎勵之猶懼呼之不出西洋各

國企業界如錦如荼之花燦耀全球吾儕方步塵不暇遽欲越級而登其弊也與前之二因同然西洋盛稱經濟發展各國自社會裏面觀之多數人民所受慘劇亦有不堪言狀者吾民既欲開闢地利拒外人染指奚不慎圖厥始以免後日同胞相鬩於經濟分配之戰爭矧此並非他端階級必不能越階而升於社會上廣啓其作業之觀念使人人皆有興業思想斯人勤於勞働且易輸股株以共立公司而利益均霑之基定即貧富大懸隔之患泯若必謂西洋事事皆可逐層取法遂可富國利民是蓋就各國表面觀之未嘗一察其內容之確情也謂予不信曷一徵諸各國社會經濟之現狀

自由學派之泰斗阿達穆斯米司氏出首倡自主自由主意穆勒斯賓塞爾哥布登 Cobden 布拉衣托諸賢從而贊賞之而天下識者翕然以和經濟社會之情況俄然一大革新反乎社會主意於個人主意而唱導之脫乎干涉束縛於自由放任主意而主張之倡述優勝劣敗自然淘汰之天法論者輩出其說遂於極點次乃組織一派曰 Manchester.school（曼遺思特爾英之大都會其地學校林立一時咸講此派）其主意重個人社會以自變

自利為必要棄同情同感於不顧始終依從優勝劣敗之天理視無限之放任主意為社會自然之大法於是箇人主意自由主意之勢力滔滔乎蹂躪於歐洲之原野個人主意自由主意之風聲洋洋乎充塞於歐洲之人耳其終結遂衝起人民貪慾利己之念生存之競爭愈激烈貧富之懸隔愈甚乃演出一種社會之悲態焉試一目視之

美輪美奐之宅邸高立聳乎雲表雞犬遊戲於芝之階百花爛熳於庭戶怡然自得洵足樂也而他端人類之大多數爭食如餓狼追暖如馳鼠炎熱蒸人寒風裂膚勤勞卒歲僅免饑餓此非愛蘭土農夫之慘狀乎忽遇凶年人遭流離望馬鈴薯之荒蕪滿目蕭條剝樹皮採海草以充飽或乞路旁或投貧院餓莩載道陋巷稚兒死亡如蟻此非愛蘭土人民饑餓之悲觀乎此其原因皆胎於政治之失平地主之慘酷農業國之地價獨高而民無生產故也不但此也瓦遂比兒托之大宴會光彩陸離香氣馥郁葡萄美酒橫溢夜光之杯太牢嘉味推集玉露之盤去此天國不數十步而露宿屋外之貧民不遑屈指也其偉壯胸襟豁然擬乎紐約準頭自由之神像直欲

上捫星斗。而府外數千萬貧民、煢丁、孤苦無衣、無食、號泣之聲、聞於終夜也。蓋自機械發明技術進步社會財源遂一舉歸富豪之專有和氣藹藹家庭之工業一變而爲乾涸蕭條工場之業務黑煙蔽天大製造所之內部蓄職工至數千百有嘆其勞金之過廉而已小農被大農之吸收土地兼併之害無處或泯大地主獨樂其利而全國無產之農民終日勞働尚不飽糟糠小商被大商之壓倒鐵道大王煤油大王之豪富盛稱海宇縱情極慾而大多數之貧民無職無資日夜奔走衣食且不能脫卑屈奴隸之境遇也是蓋歐美各國經濟之實況識者曾評之曰。現今情形若不變化不出數十年洋北米合衆國之全富者蠶落於百人以內富者之掌中豈美國如此英意德法何莫不然即後起國如日本全國經濟界猶形困頓而一般社會窮富懸隔之差樂苦異途之況比之歐美實亦未遑多讓永田街上巍然樓閣聳於高空。美則美矣而蓬頭垢面懸鶉百結。乞半文錢求一碗粥之丐童夫非常見於街頭乎。鹿鳴館內錦繡翻彩音樂之聲洋洋盈耳。快則快矣而暗燈之下冷爐之旁。病婦飢兒。不常聞有泣聲乎。阿屋卡斯孔氏曰。「專制之政體棄封建之制度敗人民皆樓

一二

息於立憲共和之政下益暢進其自由之傾向異哉生產社會中復引起第二之專制與第二之封建信如是言

則現在所謂新時代之新勢力者於社會上別起一種之新貴族新諸侯遂使社會大多數之人爲此新貴族新諸侯之臣僚幕下人第知受制於專橫政界之下沈沒天賦人權之爲可痛而不知束縛於專制經濟界之中人生性命之被其摧殘尤可悲

此其故蓋由產業未發達以前普通人民工商業爭競之思想尚薄蒙昧故封即如我國今日大多數人之程度溢鑛現漠然若不相關粟紅貫朽閉藏弗出寶物瓦爍視之有土地而不知通力合作有資本而不知立業成務眼光敏捷者遂乘機而起揮腕力勞思慮開實業界之生面藉人民之愚產業之廉賭資本而壟斷之大事工作兼與商務迨至諸業漸盛需人孔多生活程度日高向之儲金八口之家而有餘者今供一二人而不足而工場之造作日精一日地利之開闢亦日廣一日生產交通之器械發達與世運共進從而最悲慘之貧困最激烈之爭鬬最可嫌惡敗德

不義之行為亦次第增加愈演愈進至今日而兩方隔絕之態已達極點其弊害之窮壓迫變遂惹起一種之反動力氣燄熾張震撼歐美社會之基礎而謀繼政治改革復興經濟界改革之大戰爭以恢復社會舊觀此近日社會主意所由因經濟問題而得盛行也以是歐米之大地主家資本家不安其位於本土始挾資橫渡印度洋而東以施其慣技於吾國經濟滅亡之禍前途可畏我國不得不亟起憤發從事實業以抗敵於太平洋商戰劇烈之場歐美社會情形可鑒又不得不於興業處方中加數點共同利益之營業以防後日國內擾動之禍患生貧富大懸之等差雖然事急矣可奈何各國資本家在己國遭社會擯斥於時雖為強弩之末然在我國勢力爭展如曈曈初日吾民實業思想尚在萌芽持此高遠不經物我同歸之主意以與執學理有閱歷之企業家相角逐勝負奚待問為然吾之所謂參酌共利主意者非對外也執優勝劣敗天演淘汰之大法理鼓堅忍耐勞百折不屈之眞精神作業興務收我經濟界利權以阻外人得步進脚

復執共同產業生活主義鼓舌弄筆使我國民人人皆知輸資興業河海始於細流泰山不棄握壤集腋成裘萃千億萬之小資本一爐而冶鑄成許多之大托拉斯特大底巴門特斯脫以抗彼單獨之大托斯特大底巴門特斯脫既足摔擊奴之侵吞政略獲利均沾又足泯後日經濟界人禽懸絕之慘狀爭鬪轢軋之隱憂

說者或謂衆力緩散萃集不易然使能曉然此中利弊人之樂利孰不如我蘇浙拒款貧弱至孤兒寡婦操業至伶人妓女猶知解囊購股此非我國民權利思想進步之大活動乎夫吾人日所期望者脫除弱肉強食之野蠻世界達彼快樂便利之文明世界也自有精理財者出敲精吸髓反逼人類於相搏相噬之禽獸時代以是經國濟民寧不如安於雞犬桑麻恬淡無爲之世之爲尤愈社會本至難平也吾國相習數千年如一日宮中棄錦繡而女子終夜紡績或不足衣麻絲富者厭粱肉而壯夫窮年力耕或不克啖粃糠此其弊固當矯而正之不可助而長之也

桑孔之徒知富豪大賈牟利爲可弊乃復由商遷諸官名曰平準實則失均聚歛之臣爲世所賤當也若近世盛稱穆勒斯密亞丹諸輩或以經濟大家名或以致富奇書著迹其所實**無非絞萬姓之脂膏供少數人之淫佚**人雖膜拜吾不取也 **擊破個人經濟主意漸進於社會經濟主意爲的目** 此固吾輩所當研究而共期推行以廣播此主旨於社會間感發人民權利思想使知自衛身家明乎此而後可言振興吾國實業而後可言振興吾西北之實業也西北地土產物洵實業界之天國寶庫宏開隨處可掘利源築路採山昭然在人耳目者姑不具論玆特就其土地特有生產素著其質料豐富且易興辦稍加整頓即可闢無數之財藪者約畧言之以期採擇 （未完）

四川雜誌廣告

登峨義之巔以矚中國西南半壁六詔危兩藏失蜀之形勢險殆極矣而地屬邊陲民智錮蔽釜魚幕燕其樂方酣本社同志慭焉傷之爰組織斯報以餉邦人其主義在輸入世界文明研究地方自治經營藏衛領土開拓路鑛利源就此等問題切實發揮和平鼓吹使我蜀國同胞起作神州砥柱曠秋色蒼茫海天萬里云誰之思西方美人我七千萬伯叔昆弟諸姑姊妹其亦將聞風而起乎第一冊現已付印不日出版

國報第一號出版廣告

本報以**指導國民獨立提倡地方自治爲主義**對於**現今政見**一切**皆爲根本的解決**

國家興廢得失之林國民强弱存亡之本解亂披紛如土委地拒亂正之奸言放謬民之邪說其言切於箴砭藥石其言重於九鼎大呂神州無直言久矣斯眞存亡救危之金科而富國强種之大訓也法理文辭文質彬彬現代雜誌中絕倫軼羣出類拔萃之作也憂時之士愛國之倫其亦先覩爲快也夫

每册二角半年六册一元一角全年十二册二元

日本東京神田區中猿樂町五番地

國報社啓

時評

時評

葡萄牙國王之被刺

俠魔

二十世紀無專制國立足地點。吾初聞斯言也疑信參半至日俄戰爭結果疑稍釋今觀葡王被刺之情狀始曉然無疑

近者日本各新聞譯電略謂葡萄牙王喀露爾一世與皇后皇太子魯意及第二皇子馬尼英殿下共乘幌馬車通過市中一隊黨徒突出持礮橫擊國王及皇太子魯意斃第二皇子受傷一時搖動列國有代爲追悼者有咎其專制之終結理應如此者數年來葡國政治之騷動屢見於各報紙究蓋自國王採用總理大臣夫朗岱氏之政策純然行其專制手段召集會議之舉蕩然不復存阻防國民正當之强硬反對削奪言論集會之自由權以倒行逆施於全世界共和政策橫溢時代之潮流內乘各種制度之腐敗以蔽欺國民且厭情狀外漏諱種種方法撿閱報紙箝制記載

二

之自由僅發行一二好報告以眩列國耳目危機既迫不知更新卒以疽毒潰發蹈英王查爾斯之覆轍好頭顱誰當斫方其威權橫施雄顧一世時當復知有血灌通衢之日耗矣哀哉愛情獨鍾之王若后結果至此「天上人間會相見」宮庭月冷吾知抱衾夜泣時曾有悔其早醉酖醪未嘗以自由之花獻媚於王前也

據各報揭載此次被慘情由或云陸海軍之士官及下士若干名隱謀加入共和主意因有此舉或云民苦苛法久受他國無政府黨員助得行此謀事初發其詳不可得聞總之由前言之則此風既披靡歐洲原野雖有防範內亂之軍隊不爲自用適以自斃由後言之縱橫繁國人手足拔劍斬縛亦自有人政界波瀾日歸猛烈觀於衞王被刺之情形當不畏哉

聞王饒英氣通五國語且常出宮中金錢以贍貧者惟大錯已鑄小惠未足以蓋其後卒罹此劫嗚呼優勝劣敗自然淘汰優者尚敗劣者何如天而既厭專制之魔王矣彼豈能與天爭乎一幕方終吾將擂鼓以演世界之大同

咄咄俄國蒙古之探險隊

尊俠

據東報浦潮訪事員云。「俄國蒙古探險隊之現狀。去年春間以來。分數隊自本國發出。而向鐵路各目的地。其組織以少佐或大尉為隊長。而將校數名。士卒十餘名。支那人夫二十四名。軍馬駄馬三十餘頭附屬之。自西伯利亞鐵道驛路便宜之地。就於各征途。衣服食料。以駄馬所曳之大貨車滿載之。預先優給二月運費貨車之行李。經解一度。則立刻建設帳幕。其帳幕內。棹椅照相機羅盤針測量器無一不備每逢風雨降雪日。可得在帳幕內。自由休養。其第一隊自齊齊哈爾經哈拉答依通過愛利哀亞多烏腦斯伊利卡奔蒐營冬營於烏拉爾河之沿岸。第二隊自哈爾賓深入內地。行方雖尚不明。但自十月末至冬月中旬。自洮耳卡經烏普林阿哀爾而在哈新答拉附近。他之一隊。自幾答經喀克圖而橫斷中央砂漠。今春入伊犁。而擴張最初之目的。欲到印答斯探險印答斯河之水源。以為將來侵略豫備云」俄人失敗於極東。思收效於西北。此稍有識者所公認也。觀其近今此等舉動。可謂益見諸實行矣。然欲併吞西北。非從蒙古下手不可。蓋蒙古者。西北之屏蔽也。屏蔽若失。新疆青海瓦解矣。鷲旗東展。而關隴危。關隴危。而豫晉燕齊皆不可保。而西北半壁河山已爲俄人囊中物爼上肉「一髮不可牽牽之動全身」故西北一危而東南亦不能獨存況揚子江一帶已早在英人勢力範圍中乎然則將來之中國英俄之角逐場也吾意兩國若出於戰爭則其戰場當在新疆而首蒙其害者厥惟關隴嗚呼關隴人宜急起直追速自爲謀耳斬除依賴政府劣根性驅逐斷送土地昏瞶輩直視抵禦強俄爲對於同胞一己獨一無二之天職不然而博浪錐死絕隊亦最後解決之手段方法耳

陝西學界之悲觀

鞭石

學界萌芽不被壓制者即被摧殘滔滔徧中國皆是吾第悲夫吾陝拘矣亦險矣然在各省中一方施其壓制手段者他方或得而提倡之此端行其摧殘主意者彼端或起而扶持之故其爲害也尙寡學界之腐敗卒不至達於極點乃一觀夫吾陝深有大不可解者存任擁封疆藉諸務繁多爲名於學界漠然置之猶可強辭支吾專司提學之責不興學反仇視學此不可解者一官場習慣於學界本多隔膜因隔膜乃生阻力若教員與學生有直接關係各國學例於教育外皆不得妄干事端竟亦

迎合當道排斥學生此不可解者二愛國心不如愛鄉心切拘於此疆彼界者流無鄉里識彈足畏或且肆無忌憚若以本地士紳辦本地學務恭敬桑梓責無旁貸并蛙不見滄海往往聚衆阻學者有之曾亦攝吾父老脂膏遠渡重洋調查學校辦法以歸謀改良教育爲已任者反藉崇高位置輕賤學生此不可解者三因學生不能自治而開除之猶可說也反因組織自治會而遭擯棄此不可解者四無故開除而能予以自新之路其咎尚小乃必擠入向善之途置學生於死地凡開除之學生皆移文州縣若就地嚴加管束無論何校皆不准入此不可解者五前任提學劉與現任余非以專司興學而仇視學者乎劉幼雲學使去歲袒護厨丁嚴懲警察學生曾見載於各報新任余子厚學使曾謂學堂監督曰學堂不患無學生若有不順意者全堂開除另行新招亦可湘鄉許銘繇非以身任教員獨與學生作梗者乎師範學生因立自治會爲許所阻撓大事開除吾鄉某君已攻有專書許山鄉人胡某總辦師範時黎附而進冒理學僞名取合官場於學生則壓制之無餘力近周省於城高等學生開運動會又援引二人爲之羽翼焉周胡兩紳非以考察教育歸國監督學堂反疾視學界者乎時小有不合遂彼開除學生多人胡紫以開道名此次亦效顰焉於宏道高等學生立自治會事因總諳言不辯黑白中夜大發雷霆開除學生十三人然吾爲斯言非因士紳而寬恕非士紳者亦非因學使而寬恕非學使者疆吏職在施政學務亦其一端凡爲同胞皆有提携責不能以疆域限蓋有深慨夫吾陝之執教育重權者官也紳也

六

教員也監督也名爲興學實則於如錮如荼之學界而踐之踏之蹂躪之於可欲可貴之學生而奴之隸之犬馬之莘莘學子乃重陷於四面楚歌之中舉目榛荊無地自容人以是多賤學生而學生被辱於地方官吏地方人民者時有所聞同州英太守課士中學堂時爲留惜挽留某教習事學童從旁譏其非英守聞之怒歸署大遣衙役圍某生第如捕盜然置之縲絏中尚不知所終近在大荔學生又被衙役用刀砍傷三人一人命懸旦夕又在某處有鄉人見城門所貼學堂入學時日廣告彼乃盛氣以手撕之曰甚麼教學堂我看蠻是洋教不進學又不中舉讀下書做甚用學風於此可見學堂雖曰師範曰高等不過爲衙署之異名凡冗員無位置者鑽求情派事於學堂某某委員之名不勝數學堂門外每日車聲轔轔冠蓋相望堂內但聞某大人某老爺拜會之呼聲大門例懸虎頭牌兩個其肄業學生亦即爲皂隸之變相省中學堂開運動會時學生雁行兩列官吏中人乘馬乘車隊中直過又劉學使巡學州縣時宏道執事者並教員率學生衣冠整然迎迓數里外教育總會之設主格在紳期補官辦學務之不逮並監督其有或失職乃適成官府之附屬品議員學董則貂狗耳饋物耳於學務事箝口結舌促促如轅下駒中非無一二錚錚者惜爲多數庸庸所掩英守昔迫學生事有鄉人某寄書教育總會望其妥爲商辦以維風教者答云此事已過數月即不必再提君亦素知吾省紳力軟弱何多此一舉是之謂貂狗從紹芳前護因責斥西安府致有衝突時余提學作和事翁命議紳等前往西安府謝祕怨乃息爲說和者作贄敬材料是謂饋物風聲所播人咸視學堂爲畏途未入學者徘徊觀望被除者徒作楚囚即現在堂者或視此情形紛紛挾篋以去竟此不變吾恐不出十年而讀書之種子將絕迹矣青年失學牛馬今生之苦誰復可憐吾言至此吾髮欲豎爲

之擱筆正襟。遂責問於公等之前。公等藉辭以開除學生者。吾知之矣。非曰程度不足。即曰求學不力。否則加以不守規則之名。如此而已。他何有辭。若然吾有辯。欲求何程度始入何學。非入校時即具有完全之程度。且程度之增進。能著卓效與否。尤視學校之辦理如何。若程度既足入學。胡為建學堂。胡為需教師。胡為以是責諸學生。謂之妄教者無法。聽者生懈。專罪學生。循循善誘之謂何。無正當之條規。純設籠格以限制學生。非盡心死。誰甘為其羈絆。矧被其開除者以數十計。咸出微嫌小隙。且多因求立自治規則。反以不守規則之名坐之。更於他學校懸例嚴禁肄業。日暮途窮。天涯何望。我學生亦大可哀也。夫責人必先自責。學生之有相當程度與否。姑置勿辯。公等試一自思。曰師範高等之教習之監督。其學術管理法較之他國中小學堂之教員之幹事長有愧色焉無愧色焉。吾不得而知也。即總全省學綱者。尚不知空氣為何物（余提學嘗謂人曰人說空氣我就不信）獨於學生設嚴格以求之。太不知返身自省也。吾亦非謂學生絕無過可稽。有過而必使之歸於無過。是實興學之本旨。他國於盲啞聾夫。猶必設學以教養。不致作為廢民。囚犯罪人身居縲絏之中。且尚習藝聽講。無或棄學叢欲鎔鑄其性質使不復犯難也今乃於壯年學子偶忤其意推井下石必使一蹶不起直囚犯罪人之不如是何居心無從揣度雖然。予豈好辯哉。予不得已也。公等苟聞予言而憤者乎盍清夜捫心是耶否耶當可自知若果能繼此更新面目覺今是昨非學界或有一線之明機否仍執迷不悟吾舌尙存言之不已而長言之長言之不足終必以不言勝於言者解之嗚呼噫嘻。魔障倚天苦海何日我學生其亦可以興矣

危哉西潼鐵路

貧貧

西潼鐵路。昌言修築。一載有餘。士紳袖手以。任官府之顛倒播弄。時而奏明官商合辦。時而力主官辦。時而欲與洋商包辦。總之虛立名目。茫無著手辦法。而一窺其隱。且若必欲斷送此路以爲快者。而本地士民。自今春勸捐迫變以來。雖似稍有活潑氣象。然中無所主。經一面記過牌已使內地人士縮足禁聲不敢過問且若惟恐接於耳以亂我聰明也。某等旅居東京。一紙消息。亦幾無從窺見。惟自報章上略得一二警聞。百方號呼。莫之或應。數月以來。西潼路事。消息斷絕。若無所事矣。然豈知危

機即暗伏於茲乎。曹撫委派鄭思賢招股滬上。路人皆知鄭道此行居心叵測。到滬毫無動靜。忽於各報見開濟鐵路改築洛潼之說。知馮升撫委羅州劉刺史往豫磋商路事。以陝路所募之欵。先修洛潼。夫洛潼不修。西潼一切路軌材料轉輸艱窘。先修洛潼。實於西潼大有裨益。雖然。若陝路所募之欵以修豫路。果皆出陝西人民之欵也。僕等審之非出於陝西人民而出於陝省官吏之欵也。僕等亦審之即非出於陝西之人民之官吏。果一涓一滴。皆由鄭思賢所招我中國之人民之紳商之官吏之欵。即暫由我西潼鐵路擔任。以助我鄰封聯我路線。僕等尤審之竊窺時變。恐大有不然者。官吏之私囊。滿外人之術計。傳叅諸君。諸君。願以相安無事而漠然視之乎。夫陝西為西北奧區之中心。潼關實其門戶。西潼鐵路乃其鎖鑰也。鎖鑰既得。不難排闥直入。故近日有友人自香港來。云各國商人皆垂涎西潼路事。非第瑞記洋行已也。諸君竟視若不關緊要之事件。任官吏之宰割。一若西潼鐵路自為西潼鐵路。於西潼之人絕無關係也。湘省鐵路。因魏允恭在南洋招股百餘萬。名雖華僑。實恐攙入外股。頗為湘人士所指摘。陝省招股一事。闃然無聞。既未見招募之章程又未見刊發之股票一二月間忽已招收齊備持以助豫若果我中國人購股如斯之踴躍。各省路鑛界何竟醞成許多波瀾。幾不絕書於報紙。此中不已大有疑案乎。若我豫人遽然受之。其款實非華人所出。異日之受禍也亦與秦人等外人用意至深望我豫人極意調查若係外股攙入。則堅拒而不受。我秦人更須注意熟察此項股本招入情形。有來歷不清者。須急起直爭。絕不承認。否則聽其愚弄只顧目前之無事恐不旋踵外人即關直入執西潼鐵道劵以間路路則猶是也然外人既作股東發有可乘則西潼鐵路權歸其掌握也可必彼時洛潼即使開工即使告成助欵究從何來水落石出外人之陰狠手段安保不藉端染指而豫路亦危僕等寄居海外。聲息隔絕。自愧能力棉薄諸君或擁重名或積厚貲一切調查連絡易於爲力何竟寂然無聞。獨不爲子孫釣遊祖宗邱墓計乎且弱肉强食非特外人之待中國也如此即現在政府之待各省也何獨不然張曾敭之見棄於蘇浙也卒乃安置於晉升允之滅絕士類私賣礦產他省所不能容者獨能盤據陝甘雖政府屢有更調之消息臺官數陳衆劾之章奏終不能摩其壁壘者恐舍彼有北將無可投之地也晉鑽爭之堅復欲移豫以作抵蘇浙拒欵蟲動全國乃欲移禍於皖以完媚外天職虎視鷹瞵擇肥而噬置肉在俎安保無竊奪之處天下之大。匹夫有責。與日鼎沸魚爛始責作俑之人恐賣路者早已腰纏而歸矣。諸君。諸君盍早爲計

三

演話報第一號出現

省中留東各熱心家見本報出現後其效力之偉大莫可名狀特惜其純用文語猶未能十分普及也爰集同志二三十人自行捐欵月出演話報一種其宗旨在於普及教育改良社會統一言語提倡女學其所注意之事尤以鼓吹軍事思想實業思想政治思想及一般必要學說爲最重純用全國通行漢話體演出務使人人能讀家喻戶曉其價値照印刷底價廉價出售若資本稍充更擬月刊萬部無價贈送廣爲流傳俾人人開通以挽全滇及全國危局凡贊成該社者或賜以稿文或助以資本均可由敝社轉交特此敬告

日本東京神田區西紅梅町六番地

雲南雜誌社謹啓

河南雜誌廣告

登嵩峯而四顧京漢鐵路橫於俄直貫乎吾豫腹心懷慶礦產擴於英早據夫吾豫吭背各國從旁垂涎而冀分杯羹者復聯絡而來集視線於中心點生命財產之源將盡於一網牛馬奴隸之辱誰鑒夫前車

本社同人。愁然心憂。爰萃全力。組成斯報。月出一冊。排脫依賴性質激發愛國天良作酬夢之警鐘為文明之導線對於本省。勵自治自立之責對於各省。盡相友相助之義第一號現已出版。凡我同胞。盍其來購

學藝

陝西礦產之硏究

雲岩

天生五行正德利用厚生國民進化階級實與相關最切故由石而銅由銅而鐵以及於今取精用宏文治蒸蒸日益上矣西瀛諸國工藝稱隆工藝之興非資礦產其何能爲力是以外人之權溢於我國宇之內其間交涉轇轕路礦爲多豈我數千年封之閉之不顧之物彼獨視爲不世之珍歟誠以二十世紀以往礦產之應用益繁不早爲謀何足雄立于競擇之場吾國人獨何心歟寧甘被淘汰而不辭耶徧覽行省深山大谷其未經西人操錐鑿以搜求穿穴之者鮮矣不自爲謀噬臍何及吾秦地處西北萬山叢疊崑崙元脈秦嶺當之寶藏之富久已馳名唯達列人之學者實少是以終湮塞而少人知耳僕竊嘆之久以研究中國地質礦物爲志唯學尚無成空言無濟遊歷調査且俟他日茲先就本省礦產見於歷史傳志者及經近人査出

者。彙記於下。並略言其性質用途。吾鄉父老子弟。睹此或知其可珍可惜不輕遺棄則僕之願遂矣

(一)石炭　天工開物志云。石炭有三種。有明煤、碎煤、末煤。明煤大塊如斗許。秦晉生之。按明煤以其有光澤。故名。石炭中最佳者。碎煤易碎礫。質稍遜。末煤俗名亦云猥炭。全作末形。衛氏租地圖云、石炭龍門內上峪口皆有。荒山絕壑。穿穴以出。負擠驢騾絡繹於道。每數十百艘。連尾上下浮於河。由韓而郃而朝而同華自河達渭以及長安盩厔之西。載以易粟。歲以爲常。按此種即前所謂明煤。色深黝。有光澤。重量甚鉅。火力甚強。以供軍艦爲至上上品。所謂無煙炭是也。其他產石炭處。有同官、(馬志出同官北山。可以代薪) 安定、(按本縣志石炭多於他處。) 商州、(按州志文昌山下有名炭。顯神寨熊耳兩峰相對西南三十里。鑿山取炭。可以鑄鈸。按可用鑄錢。)其炭品亦上矣。又田峪川北泉村地方七十里。又火亢谷東三十里。皆產炭。又黃川冠家村北七十里。於崇禎十六年。亦產炭。但三處可資炊爨。俱不堪鑄造) 維南、(按縣志東南諸小山皆產煤。) 澄城、(按縣志產窯頭鎮。井深三百尺。) 韓城、(龍門之

炭。陝以西咸需之。）蒲城、（縣志、炭谷在縣西北三十里、舊出炭。今無。後縣北三十里復出。人利其便。將糵鄧炭遂革。今又無。惟運白水縣東炭耳。）耀州、（州志、同官山出炭。）邠州、（石炭、明嘉靖甲辰、始鑿山取之。）三水縣、（正德七年、開窑取煤。至今賴之。）葭州、（州志開光川出。）府谷、（縣志黑山出。）又榆林亦產無煙煤。石炭則鳳縣亦產。

吾陝產煤。雖遜山西。然果使採掘得法。供本省製造日用之需。亦綽有餘裕。蓋石炭一系。Karbonigeche Tocmatian 秦領蔓延所在皆是。炭田之廣。實駕河流而左之右之。其層疊之厚。由五迺當達十迺。當蘊蓄之隆。正待吾人發揮鼓舞。以與西人爭雄耳。蓋石炭之物。與文明進步。大有關係。大則航運工業。小則日用尋常。無時可缺。我同鄉父老子弟。其勿輕視而忽之也。現吾省鐵路。尚無頭緒。工廠亦未見端倪。所需煤者。僅溫暖炊爨之途。其採掘尙用舊法。僅穿一穴。人入於斯。煤出於斯。空氣輪換。於斯為弊甚大。而工作無多。以後鐵路將興。工業漸盛。不講求採掘新法。何以濟之。茲畧述煤之性質及採掘法。以供我同鄉父老子弟之研究。

六

石炭、或曰煤。英名Coal德名Steinkohle亦石炭意也。其無煙者。不名曰石炭。而曰無煙炭。西名Antracite在德或名Hausfraudkohla以其爲家屋中適用良品也。其遜於石炭者。名曰褐炭。Bround kokle褐炭常混土質。有爲纖屑者。前言未炭。其一也。三者之異。以炭化之程度而異。蓋三者之成立。皆由太古之時。草木繁植。（石炭系其植物多屬蘆。Calamit鱗木。Lepidodendron elegaus封印木Sigillarien星葉木。Asteropygeeites蕨類。Sphenopteris）經滄海桑田。積壓地下。空氣隔絕。炭化作用。遂生。褐炭受炭化尚淺。草紋木理。歷歷可辨。石炭則難以辨察。無煙炭化程度更高。故全失植物形迹矣。

褐炭中含炭素。百分中有五十分至七十分。其生成或爲片狀。或爲層疊狀。或堅實。或土虛不一。其破面或爲木理。或爲螺狀。或爲不平狀。光澤脂光。色由褐至黑。其褐似木。其黑似瀝青。堅度二、五。比重一至一、五。燃燄生惡臭。燃過多灰燼。平常又分爲尋常褐炭。Gemeine Broundkohle針炭。Nadelkohle瀝青炭。Pechkohe埋木。Cigrite紙炭。Papierkohle（甚薄）是也。褐炭燃燒之用。與石炭同。但較劣耳。其他則可以製磬。Vitroefereitung 又可作肥料。Düngmittel 用乾法蒸溜。可製瀝質。Parallin 削而修之。可作器物。

石炭含炭素百分中七十五乃至九十分。色本黑。或雜土泥。間作褐灰色。光澤玻璃光及脂光。亦有作絲光者。堅度二。比重一五。破面不平。作絮狀。或螺狀。含質炭素而外。又混土質。或金類酸化物。尤多見者為硫化金類。燃焰劇烈。生朽臭。產狀為礦層。多層之中。或間隔以砂岩粘版岩。然不厚。用途專資燃燒之需。西人每謂中國產煤。不可思議。嗟我國民。其有以善守之哉。

無煙炭含炭素百分中之九十五。幾純乎炭素矣。係鉄黑色。有時作絲黑色。破面螺狀。堅度二至二·五。比重一·四。光澤金類玻璃光。燃燒不易。發弱無煙。而火力甚強。產狀為礦床層。發成於石炭系中之最下層。用途前已詳。澄白同耀等處所產炭中。雜有鐵臀。Cibennicre 為硫鐵礦。中含鐵百分之六十以上。

未完

八

學藝 二

泰西理科學者畧傳

少白

序曰、近世以來泰西學術遠邁前古而理科之盛尤卓匹倫什百學者竭其心智窺自然之秘前仆後繼相資並進利用厚生之學昌而舟車火器遂墟人國蓋泰西之有今日理科之功致甚巨也吾國開化之早。不遜埃及五千載前理科之端已啓衣食醫藥甲兵舟車舉今日視爲幼穉者悉萌芽而胚胎焉夫歐洲文明於世界爲後進希臘以前彼方蒙昧未開即至中世印刷之術羅盤之用猶師承自我是我漢族文明非惟遺光歷史而傳播所及且大有造於西土也準是以論吾國理科進步今宜冠於諸國然自漢以下學者專事經術蔑理科爲技藝之末降及近世又沈溺於科目經術既廢形下之學尤爲不振蓋方西土文明勃興時而我反日蹙以退也惜矣開港以來相形見絀泰西之一器一物莫不驚爲神奇趨之若鶩不知求抵抗之術坐視盛者固有之學適藉寇兵而資盜糧也抑哀矣夫吾國險危固政治之罪然非理科之廢則貧弱爲禍亦烏能酷虐至是哉今吾國上下。漸知理科敎育之要。吾故攷其學子之犖犖大者。都若干人。上起希臘。下迄今日。略述梗概。以餉鄉人。其略於上古者則以歐洲理學近世始大而我之望塵不及亦數百年來事讀此篇者睹人之盛惕已之衰且慄然於文明之禍之酷而翼然奮起則吾國前途其庶幾矣與乎哉世界文明今方初步師其已成明其未知追而及也可立而待時乎時乎猶未晚耳

亞里斯多德 Aristoles

氏以哲學名世。歐洲中古仰之爲聖。而兼通博物學西歷紀元前三八四年。生於斯他吉拉。故世又稱氏爲斯他吉拉托焉。著書甚富。識博而思想深遠。近世科學進步。多受其益。氏中年時。應馬基頓王聘。爲亞歷山大帝師。後帝有事於亞西。氏歸阿善。專授諸生。紀元前三二二年。死於友巴。氏及其門人著中。於植物生理形態二學已

闡明其要如植物體內。流出液體之現象。植物體諸部之官能。及其成分。而外圍之影響。肥料之功用。植物之生殖等。皆氏所硏究者。

阿基麥德斯 Achimedes

氏生於紀元前二八七年。爲喜拉秋斯王族。幼修學。後遊埃及。居數年。與著名學者交。業大進。歸國後。專攻物理學數學。將以終身。後値其國與羅馬戰。羅馬軍圍喜拉愀斯。國人恐。欲降。氏力違意出奇計。屢困羅馬軍。及勢不敵。城陷。羅馬將某。好學士。知氏之名也。命無傷氏及其家。羅馬兵入氏室。將命氏至其將處。氏頹然不動。晝幾何圖於沙上。兵怒其無禮。遂殺之。將某聞之大痛。爲之立碑。時紀元前二百十二年也。

氏於幾何學。力學。及液體動力學。多所發明。如球體面積及容積。等於其外接圓筒之面積或容積之三分之二。圓徑與圓周之比。約二十二分之七。而槓杆之理。求平面形重心之法等。皆所發明也。其尤重要者。爲液體力學中之阿基麥德斯原理。(即物體在水中減重之理) 至今日猶宗之。又吸水器械。有名阿基麥德斯之螺旋者。亦其發明之一端也。

瓦頓 Edward Wotton

氏英之醫家。且以生物學名。西一四九二年。生於惡斯佛。入其地大學。學醫。得學位。生平著書甚多。而「動物間之差異」一書。"On the diffenees amoug animals" 尤大見重當世云。

阿都羅邁地 Ulysses Aldrovandi

氏、意大利之大生物學者。一五二四年。生於波羅尼亞。研究植物學及醫學。一五六〇年。波羅尼亞聘氏授博物。氏學愈進。又廣採標本。後以其所得著「天然史」"Natural History" 共十篇。尋著關於鳥類書三。而昆蟲學。亦別有所著。氏之書。於科學的排列及次序等。不無缺點。而其他殆可稱為完璧云。一千六百零七年卒。

嘎里遜 Gallileo

嘎里遜者。伊大利之數學者。又深於自然科學。千五百六十四年。生於意之比沙。幼敏。於器械發明。有天才。始學醫。以與生不相近。舍而學物理及幾何學。其業大進。千五百八十四年。發明擺之等時性。後授數學於比沙大學時。以異形之金屬球。自其處斜塔上。擲之下。以証異重物落下速度比例之之說。而墜體速度漸加之公理。亦同時發見焉。九十二年。爲巴篤亞大學所聘。授數學者六年。其間發明寒暑表。又試驗天文學諸定則。以其採歌白尼（發明地圖之理者）之說也。基督敎徒。擯爲異敎。千六百九年。發明望遠鏡。用之以明宇宙之構造。自是名益彰。後又發見木星之衛星。而月中之山谷及金星之狀態。皆有所考論云。

哈北 William Harvey

氏。英人。千五百七十八年生。始發見血液循環之事者。

托利齊利 Torricelli

氏。意大利人。千六百八年生。幼學於佛綠侖。長至羅馬。受業於某物理學者之門。大有所獲。著關於力學一書。爲嘎里遼氏所讀。大賞其才。遂招氏於佛羅冷斯。共講學。嘎氏死後。氏代之授數學於其地大學焉。氏於顯微鏡望遠鏡。多所改良。創測環之面積。而晴雨表之發見。獲名尤大。初其國侯爵某。掘深井。水湧出。以尋常喞筒吸之。

乃三十英尺上。水不至。倏奇之。問於嘎氏。嘎氏亦竟不解。及其將死也。囑氏成其志。氏乃竭思以考之。後疑水之上行。或大氣壓力所致。乃行所謂托利齊利之實驗。其理。遂以眞此實驗中玻璃管上端之眞空。即所謂「托利齊利之眞空」是也。自此而泰西古言「自然惡眞空」之說。爲所破云。千六百四十七年。歿於佛羅冷斯。

巴斯喀爾 Blaise Pascal

氏、法蘭西人。以哲學及數學名。千六百二十三年。生於若拉門非蘭。幼好問。敏於幾何學。其父欲使之學古文。乃諱匿幾何學書。欲氏廢之也。乃至十二歲時。氏不恃書籍力自習幾何學。創定理。解問題。每以驚人。至是父乃容氏志。十六歲。著圓錐曲線論。當時學者笛卡見而驚之。十八發明計數器甚巧。氏體弱。兼以過勤學。故十八歲後。爲病身云。千六百四十八年。於法之某山驗晴雨計。氣壓定則。得氏而其基愈固。其著作之重者。「流體之平衡」On the Equilibrium of Fluids「氣壓之重量」Weight of Atmosphere 等是也。

馬比 Marcello Malpighi

氏、意大利人。有名之解剖學者也千六百二十八年。生於波羅尼亞附近。五十三年。卒業醫科大學。後爲比沙及美西耶大學教師。氏初用顯微鏡於解剖學者也。千六百六十八年。發見毛細管後被擧爲太醫院長。氏著書中有名者頗多。如「肺臟論」On the Lungs 即其一也。氏於醫學上發明甚多。千六百九十四年。歿於羅馬。

波爾 Robert Boyle

氏以千六百二十六年。生於英之愛爾蘭。父起微賤。後封科爾苦侯。領邑甚大。氏其第七子也。幼長於鄉。入學校前。學法語拉丁語。嶄然顯頭角。漸長入依頓校。後與兄至法。又至瑞士。居二年。乃遊意大利。千六百四十年。歸英。學於阿布里治。後移居惡斯佛。乃專心於物理化學焉。其後改良空氣唧筒。於空氣漲力及重量行諸實驗。至千六百六十年。遂發明有名之「波爾法則」至今物理學宗之。氏爲皇立學會 Royal Society 設立者之一。千六百八十年。見選爲會長。氏辭不就。其會至今仍爲英國第一學會云。千六百九十一年。死於倫敦。

海金斯 Huygens or Huyghens

氏為荷蘭之大數學家又精天文學。千六百二十九年生於海牙。十六歲。往來田。就學於維尼亞斯。及萊田學法及數。卒業大學後。於物理學上。多所發見。又多創器械。名聲遂噪。千六百五十一年。以關於雙曲線之理論。公諸世。五十六年。用自案之望遠鏡。發見土星之衛星。五十七年。改良鐘之製法。用秒擺於鐘。其嚆矢也。二年後著土星論。土星之輪。氏以焦點距離三十二尺之望遠鏡所發見者。此書述及之。名由是愈大。千六百六十三年。被選為倫敦皇立學會之會員。後移住巴黎。居二十餘載。授科學。其間解明物體之衝突。著光線屈折論。又著「時計震動」Horologium Oscillatrium 一書。獻之路易十四世。千六百八十一年。歸荷蘭。專從事於惑星儀及大望遠鏡之製作。千六百九十六年。刊「重力之原因」及「光論」二書於巴黎。「光論」者。證傳光波動說之便。氏所發明。而今猶皆信之。蓋可謂氏之最大著作中之一也。又於遊星之排成。有「宇宙論」Cosmotheoros 一著。述其臆斷。氏死於千六百九十五年。氏終身不婚。好退隱。品之高。見重一時。而牛頓又特與氏親云。

（未完）

八

粵西雜誌社廣告

蠹衆則木折隙大則牆壞此必然之勢也本社同人痛故鄉之窳腐憤外界之逼迫乃集合群力傾灑熱血組織一雜誌名曰粵西雜誌專以開通智識發揚民氣改良社會謀興公益爲宗旨定期陽歷十一月中旬出版每月一冊每冊至少一百頁定購全年者價艮貳元半年者一元一角郵費另加零售每冊貳角凡欲購閱者可直向本社編輯所或代派處先將報資郵費惠交定當按期照寄以副盛意至雲南方面可託雲南雜誌社或其代派所代訂此佈

日本東京神田區猿樂町二番地イノ七四號

粵西雜誌社謹啓

中國新女界雜誌社廣告

本社痛祖國女權之未倡女學不興不揣綿薄思有以溝而道之爰藉熱心同志借股擬一雜誌月出一册持之經年區區五大主義演爲白話普之於篇爲薄海內外謬賞久炎中途因特組印刷所兼顧未遑遂至出報愆期厚負訂閱諸君之雅意良慊恧現今印刷一部既已就竣雜誌內容尤臻完美添聘撰述訂定專稿挽強赴的努力進行嗣後按月加出至彌前缺爲止惟冀訂閱諸君迅將報費賜下並對於本雜誌有所繩糾而匡正之是皆本社瓣香禱切者也

特此布告

定價及郵費表

冊數	定價	郵費
全年十二冊	二元五角	一角二分
半年六冊	一元三角	六分
零售每一冊	二角五分	一分

凡日本郵便不通之處每冊加郵費五分

凡訂購全年五份以上者統照定價八折

通信

日本東京小石川區竹早町三十四番

中國新女學界雜誌社

文藝

愛國歌

劍果

大地古國推襲且神明胄裔門萬萬山奇水秀民物雄雄霸地球操左券無端歐風
縱雨掀天撼地來國權人權殆哉岌岌投豕圈污穢神器辱種族乾淨乾坤留支蔓
君不見德意志民族散漫衰微時祖國齊歌日耳曼自古英雄鑄世運黃金世界鐵
血建結人心造輿論招國魂立國憲抗拉丁制條頓大陸摧倒斯拉夫遠涉重洋攻
撒遜同胞同胞快若何報國應展丹心寸歟成欲哭欲舞默無言造化小兒可否首
肯隨吾願

和英豪題壁原韵

百雲

路出崤函柳萬枝游人高唱大風詞千秋事業無成算大地山河有壯思未老已悲
髮種種多情空為藕絲絲憑將兩眼江山淚灑向黃河夜漲時

感懷

海天鬱鬱蒸彎暑沙鳥飛飛下晚林可惜客中閑歲月只餘夢裡好光陰腐儒距有
回天手肉食誰知拓地心欲效申胥同一哭秦庭何處不勝尋

歸學留贈日本雲海上人

跡陶

雄雞四唱扶桑曉旭日曈曈拂大旗不信力能擒猛鷙早知學已篋靈龜典章璀璨
原堪數文字因緣互有師我共徐生舊桑梓與君臭味本無差
放眼三山頂上行雲軒霞舉氣英英論交尚愧瑤難報投分須知石可盟繞策贈君
鞭駿馬倭刀借我發長鯨歸帆欲發心惆悵瀛海烟波萬里情

傷春感有事

幾番春院黎花雨一陣高樓柳絮風取次春歸渾不記小窗午夢正惺忪
不惜纖纖十指慵爲誰金綫繡芙蓉青春欲暮閒無賴鎖日眉痕鎖遠峯
翡翠明珠越海珍羅紈輕稱鬪中身春來剩有榆錢綴分予蓬門襞綫人
偶聞游騎在春郊慶擲金錢間六爻歸信又遲期又誤捲簾雙燕入新巢

綳車流水走康莊。不信山經註大荒。我欲看花遍瑤島。倩誰呼去費長房。
緘愁無限對銀鐙。謟薄非關力不勝。水瘦江寒鱗可數。躊躇未忍下魚罾。

落花感事作　漆室吟

世事眞如偶術文。綠愁紅慘自紛紛。九廻腸斷三春去。七字詩成五內焚。幸免骷髏入鬼籍。悔留根蒂在人羣。從今莫漫傷零落。糞土當年是烈芬註約

璀璨年光夢裡過。不堪麗景日蹉跎。飛來墜溷原無定。觸色聞香可奈何註約　生滅到頭成底事。華嚴轉眼便修羅註約　彌天罾網誰曾補。慧命法身一刹那註約

色相由來是强成。終場幾輩了平生。飛昇豈竟關仙種。墮落何因得溷名註約　出世有緣難作達。埋憂無地且忘情。阿儂苦訴通眞表。幾見綠章下玉京。

將歸祖國留別同人　劉果

歌謠慷慨溯流風。西北人才在眼中。力士椎埋天欲淚。胡兒脅斷氣猶雄。雲開太華盤孤隼。雷起崑崙動蟄龍。秋老三山心亦倦。回頭不忍說啼紅。

鄭州題壁　病驥

三

回首滄桑事可哀。愴懷身世等蒿萊。英雄自古輕生死。天地何曾解愛才。盡臘寒灰尋舊劫。更無熱淚灑前埃。遙聞海上春雷震註約 可有潛龍起蟄來。

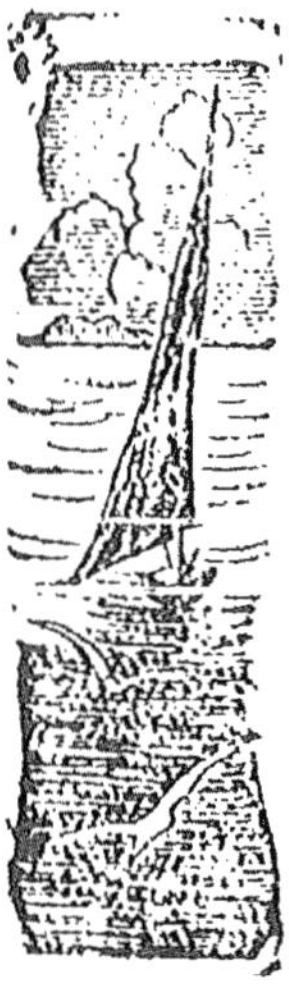

小說一

一夕雨

短篇寫實小說　（此篇未脫稿時曾見載於某日報今完全其首尾辭句重加修飾閱者鑒焉編者識）

秋心

天有不測風雨人有旦夕禍福

却說昨朝天陰微雨。有些事情不能不出門。喫了早飯。披起倭服來。(即日本服)與和尚的袈裟相似。又着短袴長不及膝。此時正初秋時候。暑熱還莫大減。穿着圖涼快。又束了一條絲綫帶子。戴了一頂大草帽子。袖裏又藏個錢包子。裝得兩角錢。手裏提把洋傘。赤着足登了一雙日本屐名曰下馱。就得意洋洋的撑起傘來。大踏脚步。出了旅館門。直走將去。

到了一個朋友地方。高談闊論了半天。平安無事。就在那裏喫了午飯。那知我又想到一箇朋友處去。便告辭了。提着傘連忙走去。此時風雨正濃。雨傘僅能遮半身。連忙奔至友人家。推開門進去。只見兩個朋友在那裏下着圍棋。一箇朋友高枕而臥。

見予來。起身應酬一番道。多時不來。今天甚麽風吹的來了。快坐下罷。二
予就座笑道今天不但風吹的來而且雨打的來了
三人聽了都笑起來。先睡的那一位。就拿起日本一張報紙向予道。日本近來狠敗興。到處遭水害。函館地方又被大火一燒數千戶。
一棋者曰。水火既濟。還不好麽。
予笑道恐怕是火水未濟。又拿過報紙一看。只見寫着某處某處鐵道壞。某處某處電線斷。猛然想起日本某文豪。有幾句壯言罵倒十九世紀文明。說甚麽文明太怪物。因爲建設他的迷宮。右手執鑿提錐左手揮槌運斧破壞宇宙本來面目電線編空。鐵軌織地開鑿鑛穴犂通水道云云不覺口裏讚道呵好一個天然平等的文明。大破壞
又一棋者曰。此日本近日虐待高麗之天罰亦未可知
予又想起一事笑道。前數日彗星出現不是這大水之兆麽。
又一友道中國旱甚天胡爲不移雨中國那

予笑道。吾聞日本近來發明人工造雨法。屢試頗驗。殆招造物小兒之忌矣。

一語未了。忽聽足聲近門。又來了一位朋友。復談至洪水之災。彼乃點頭笑道。此亦可謂秋風秋雨愁殺人了。

予遂愀然起曰。秋女士之靈。乃至此乎。

這話恐大家有些不懂。我加幾句註解罷。卻說安徽巡撫被徐錫麟鎗斃之後。徐的表妹秋瑾女士。在浙江被人密告。說他合徐是同黨。浙中大吏就提女士拷問。毫無口供。後乃被逼不過。乃提筆寫一秋字。又逼之。乃續成秋雨秋風愁殺人一句詩來。浙中大吏就以此七字定女士死罪。把他就地正法。現內外學界多爲此事不平。來友所談。感觸如此。

閑話少說。天色近晚。五箇人喫過晚飯。雨尚未休。又談了半天。忽然又想會一箇朋友。看牆上掛鐘。正打七下。急忙告辭。登下駄。提洋傘而去。

出門風雨正急。水泥滿街。乃以右手撑傘。左手摳衣。去地一尺許。

忽至一條暗街中。路燈淡淡。行人稀少。向微白處走去。誤踏水窪。濺水至面。忽然想。

起某禪師喝云夜行莫踏白非水定是石乃避白就黑處行去彼蹈泥中乃拿一主意信步走去剛下一坡時忽聽見背後有三五日本無賴兒喞噥起來看這事情不好恐怕袖裏兩角錢要被這夥賊搶了去心中又怕又惱又悔黑夜裏也看不見自已面上是何情形忽然間奮起精神來聳肩攘臂作箇萬人敵的樣子來正開步向坡下大走那三五箇小子似乎怕了咱家都向那一邊溜了纔放了心 四

下的坡來復要上一坡上至半坡見右側泥多想不如跳向左側這一跳不好左足先跳陷泥中急跳右足幸跳左側右上乃拔左足下駄拖向泥中去了乃交傘於左手用右手向泥中拔取下駄那知泥的粘力太大用力過猛屐上夾足細緊決斷了乃入手泥中強取出來索性將右足下駄也脫了提着這雙屐赤着這雙足不管泥和水直踏上坡去忽見二十歲上下一位婦人也穿着高屐向坡下走我心中叫道行不得行不得却想男女不交言便不敢出口把那嫂溺援手的行權之道忘了忽然見一箇十五歲許的男孩子也下坡去知道可以援助那婦人纔放了心

走到大街離那要會的朋友處不遠却想着騎馬不見親家騎牛撞見親家不大體

面。遂決意回旅館。

又走數步。忽想起舜棄天下猶棄敝屣。我乃不能棄破屣猶棄天下麽。遂起了箇決心。把那隻壞屣棄向泥裏去。復前行數步。又將那隻未壞的也棄了。左右手纔脫然無累。專一誌撑傘攝衣的義務。心中爲之一快。

又想街上多小石子。不怕踏破脚心麼。又想到秋女士死後。大通學生被累多受非刑。有令十四歲小兒跪火磚火練者。中原到處荆棘。安知他日不遭此災。區區小石子。丈夫行何畏。遂赤足向街上飛行而過。

街上卻無石子。且甚平滑。如踏軟沙。又不拖泥帶水。回視穿屣行者。反不及我這箇頭陀得享自然快樂也。

行近旅館。卻起羞見主人之心。事已至此。無可如何。只得厚着臉向旅館裏走。幸主人俱避雨室中。乃喚下婢取拭足布。日本俗雖穿屣從外來。也須拭足後始可入舍館。故下婢不知予之失屣。

挪足登樓。入予小友室曰。予今日幾遭水厄。雖然得一篇寫實小說。小友問故。予爲

詳說。小友笑曰。此一窮愁一着也。請速記之。予乃出袖中兩角錢。呼婢買水菓供餐 六
畢。即熟睡。翌日早起。遂成此篇。

小說 二

客丐談

聊公

丁未十月既望。月洸雲暗。風雪大作。聊公披火鼠裘。戴鳳尾藤笠。着龍鬚草屐。徜徉於喈街。則見熒々者。電炬也。鄰々者。汽車也。喧雜而嘹亮者。歌館酒樓。樂而忘死之人也。市肆駢闐。屯如蜂聚如蟻。衝嚴寒而不覺。抑何其興高而釆烈也。還過玉樓春數武。見一持鐵洞簫之乞丐。額準頤身。皆頎長過常人。衣藍縷。瘦削骨立。兩臁如卵。目爛爛。發異光。驚其奇而問曰。子何人也。胡其乞於斯。

丐曰。余雍之世家也。始祖葬子午嶺之陽。聚族於其土。耕鑿為生。以奉祀事。秦漢後族人失自立性。依賴紀綱。詭為理經濟久之。太阿倒持。紀綱之黠者益專橫。反客為主。族人昌黎號。又推波助瀾以揚之。轉授彼以籠絡壓抑之術。而無形之專制遂一成而難變。

南宋時、徽大宗 子同甫著王霸論。發明唐虞以降之客體。無不以權術馭主體者。權術不足濟之以權力。惜乎當時族人爲原道一說所迷惑。無省悟者而特具卓識之大宗子。如同甫者。又不幸短命死矣。

近世紀、吾族鉅子。如陽明、如亭林、如黎洲、如船山諸人。無不著書立說。辯論客體主體之顚倒。而族人輩又多惑於秀才舉人進士翰林之虛榮。沈湎於帖括。不暇究諸子之學說。認客爲主。搖尾以乞。家道式微。江河日下。致高才者甘奴隸以謀身家。妻子之生活。愚蠢者工牛馬以糊口而已。余不才。獨不安於愚。舍乞丐奚爲哉。

聊公曰。予言乞丐愈於奴隸牛馬。寧乞丐而不牛馬奴隸。則吾旣得聞命矣。所不解者。同一乞也。何必去父母之邦。遠丐於津沽間。果胡爲者。

丐曰、余鄉關山四塞。蹯踞華夏上游。本膏腴豐富之區。爲乞亦甚易。奈閉塞日久。樹老山荒。竟成虎豹豺狼之窟穴。初僅昏夜攫食牲畜。邇來白晝且食我人民矣。鄉人文弱無習獵者。稍具智力。咸謀自衛。無謀社會者。余一丐耳。上無片瓦。下無立椎。不他適。早膏饞吻矣。

聊公曰、子言貴鄉閉塞日久。樹老山荒。致虎豹豺狼竄穴於其間。是固然矣。第何至於白晝食人歟。豈貴鄉虎狼。獨多於他地歟。抑貴鄉之虎狼。獨不畏人耶。

丐曰、善哉。君之問也。人羣進化論。謂人即猴之進化。當猴未進化爲人時。狨恒得而食之。惟羊亦然。不知進化。故狼亦得而食之。吾鄉由家族退化爲箇人主意。如散沙如亂縷。故虎豹豺狼。獨利於吾鄉。知吾鄉人無群學無團體。甲被食而乙不往救。乙被食而丙亦不往救。可以依次攫食。無畏憚。無顧忌。故上年淅閩等省驅逐之虎豹豺狼。皆接踵以遁藏吾鄉。吾恐此後他處所驅逐之虎豹豺狼勢且互相攀援。競以吾鄉爲安樂窩也。而吾鄉之虎豹豺狼。將日益多。而人民終無噍類矣。吾能不遠適異國以避滅族之禍哉。

聊公聞丐言、感觸人之無羣。禍至此極。不禁愴然相對呆視。忽旁巡警大呼曰。積雪沒脛矣。汝與丐刺刺胡爲者。不畏凍耶。驚遽忽覺。張目四顧。丐已不知何往。

關隴雜誌廣告（第一號已出版）

關隴為西北鎖鑰天然占優勝之形勢其存亡得喪在歷史上地理上罔不與神州全局有絕大之關係況自俄人受挫遼陽後迴風西轉撼我崑崙西北急警日緊一日本社同人慨切桑梓之危復深祖國之痛發自忘其愚矢移山志組織斯報專以提倡愛國精神濬瀹普通智識為宗旨其於強俄在西蒙回疆之舉動及關隴與吾國全局關係之點尤特別注意發揮靡遺凡留心西北情勢者幸垂覽焉

關隴第二號目錄

日本東京市麴町區飯田町五丁目三十六番地

關隴雜誌社啓

雜纂

列強經營支那路礦航運商業最近之政策

僔俠

第一編　支那與世界之列強

第一章　緒論……第二章　支那之富源與列國……第三章　在支那列強之經濟的經營　第四章　支那貿易之大勢……第五章　歐美列強之對支那貿易政策(上)……第六章　歐美列強之對支那貿易政策(下)

第二編　中日貿易現勢論

第一章　中日貿易概說……第二章　對北部支那貿易之現狀……第三章　對中部支那貿易之現狀……第四章　對南部支那貿易之現狀……第五章　重要輸出品概說……第六章　重

按是書原名實業之支那爲日本早稻田大學政學士梶川半三郎所著調查精密研究入微而於我國民動作嗜好飲食衣服風俗莫不悉心考究推其用意陰險狠毒將來使國我國民一絲一粟一銖一粒皆仰給於外國此所謂以商業政策經濟主義滅亡人國於無聲無形中也惟書係明治三十九年出版內列輸出入各表年次等皆止於三十六年以後者概爲闕如今參考各書增入新表並於各論重要處酌加評語以促閱者注意而速講對待之法是則譯者日夜所企望於我國實業家也。

譯者識

第一編　支那與世界之列強

第一章 緒論

十九世紀之末葉以至二十世紀之今日時勢之推移社會之發展殆有驅世界列強銳意精心專以獲得領地擴張商權爲事之勢夫近世以來國家的民族膨脹力日增月盛而皆知殖民地之不可不急也又以蒸汽力電氣力之發達產業增多而皆知銷路之不可不廣也所謂產業革命者歐美列強蓋已丁茲厄運矣於此乎民族主義膨脹於內經濟競爭仰給於外遂不能不成爲今日之時局雖然其在彼也文化之發達相若智識之進步相若而其國家之貧富強弱復相若歐洲域內勢必不能肆其野心而飽其無厭之慾也明矣惟其不能快野心而饜其慾也於是乎不能不虎視狼顧走擴四方以求逞其志故苟有未開郊野貧弱邦國存於世界者乎彼有不處心積慮爭先恐後以獨謀其最上之利者蓋未之嘗聞職是之故南美也濠洲也印度也阿非利加也西北利亞也中央亞細亞也凡所謂新殖民地新市場之建設經營蓋皆有惟日不足之勢然而其地雖大其位置猶未極善也其物雖博其天產猶非無盡藏也至求所謂全球寶藏庫世界大利源者則非支那老大帝國

四

不足以當之夫自歐人發見支那之時從而急起直追以求國力之侵入如蟻附羶如蠅逐臭而該土遂成世界外交問題之一大燒點矣

宜哉强列之欲以此天然富源之地謀歸已之範圍而努力以着其先鞭也爭土地奪利權主紛爭葛藤時雖詰兵相見亦所不敢辭是蓋銳意經營對支那政策之德人修馬已克爾之言也故凡支那之時事謂之曰歐洲各國民日所注意之事也可謂之曰歐洲諸國自十字軍以後而此爲最要之事也亦可由是觀之歐人焉得不斤斤於支那焉得不於對支那政策而熟計窮思乎是蓋不獨歐人已也新大陸之富翁對於是問題蓋亦未嘗或忽之何則彼國政治學者撲爾埃斯來因修云支那近日之事變歐洲政治界之眼光大爲之激變誠亘古未曾有之現象也今支那已爲國際政界之中心點斷無容疑而其間紛爭利害之範圍廣大遠長其影響之必及於世界文明之前途亦有可斷言者蓋解決支那問題而自立于大責任之下如現代列國之宰相大臣自古以來未之或有何也彼等實審觀現世豫決將來之歷史無或爽者也現今世界將來之外交及戰爭之因果其事殆將不一而足即如現

時南阿之鑛業及農業之富源又如土領亞細亞及南美諸地有望之殖民事業勿論如何皆將蒸騰膨脹爲列強之所大注目者然至論商務擴張之好區域則皆不如支那論其人口則較全歐爲多論其天然之富又非全歐歲出歲入所可比故僅以四川一省論人口達六千萬以上石油稱無盡之藏農業礦業之富又足以凌駕歐洲之大帝國然猶非支那全國也特其一部分耳是非歐美列強重視極東問題之由乎故苟有利權之可獲直不啻已國存亡興廢之所關不憚荷戈負甲以實行其武裝之經濟政策而狂奔恐後焉

彼嘗謂其國之商業與其國旗當如奎璧之聯輝此其欲由武力以擴張其勢力範圍之心亦可想見矣而其中肆鯨吞效蠶食堅守其侵略主義以專心致志於領土之擴張商權之發展者尤莫如露西亞夫露國之處心積慮以求逞于極東者殆近百年矣故極東唯一之軍港旅順乘中東戰役後而租之嚴冬不凍之商港青泥窪今之大連灣乘北清之騷擾而攫之且也以其最巧最穩之鐵道政策合東清西比利亞而連絡之極東之新天地現無限之大野心愈增席捲滿洲一帶之富源猶以爲未

足也更進而謀鴨綠江之流域雞林八道之侵入厥勢猶未已也更將進而窺窬日本之可圖吁、事已至此猶得永持東亞之和平以相安於無事乎不能相安于無事則內以爲獨立自衛之謀外以保遠東太平之局準情測理度權量力而不得不出於一戰者亦國際之常也我是以有日露之役。

日露之役露國出其全力以與我抗誠未易舉也幸也貪狠之惡貫滿盈我王師一出。如摧枯拉朽。所向無不風靡者何也露之所恃極東獨一無二之軍港而我得之永久不凍之商港而我占領之布衛南滿之如虎如熊之露軍而我掃蕩廓清之最後以美國大統領之調停。我是以有日露之媾和據講和條件凡旅順青泥窪及附近之海陸與東清鐵道南部之支線其權利悉歸於我。而滿洲全土均以還付北京朝廷等凡十餘條。而償金浦鹽港皆不可得。外交之失敗。亦已至矣然則我帝國之對於清國領土不可不籌萬全之經營乎夫露素以強橫之行動施之我鄰國也一旦雖抑制之。安保其不捲土重來以求遂其最初之目的再稱霸於極東乎。況於歐美經濟競爭諸國虎視眈眈專以經營支那爲務。凡所爲利益均霑者莫不耑躐以

六

圖乎故清國全土開放之日即大西洋太平洋之關門所謂巴拿馬運河者爲之開通歐美物產各就其左近沿沿源源以輸入于我鄰邦之日也亦即列强擴充其勢力範圍從事于太平洋艦隊破萬里浪以來我東洋而無所顧忌之日也更進而言之實即歐美人種得此天然富饒之區以建設其新殖民事業之日也思念及此東方問題日形轇轕而我帝國亦實處此大商戰大競爭之最重要點是誠我島帝國經濟之所繫以存亡盛衰者我國民當此戰後之今日值此天與之好區域固安能晝圍自守亦宜揚我赫赫之武功以稱霸于將來世界之經濟場擴張商權而實施其政策哉不然者優游卒歲置此大問題而不加察吾恐他日噬臍之悔無可及已

按日俄戰後我國四千萬方哩爲列强競爭之中心點大好河山已預備爲世界萬國畜牧場殖民地觀近今日法日俄英俄協約相次成立各國對我之方針一變即其由侵略而趨於保全大書特書曰領土保全門戶開放機會均等劃界分疆各認定勢力範圍區域以經濟政策作先鋒而以海陸軍爲後盾獎

八

勵內國實業發展國力於海外日與俄停戰僅期年。即開全國博覽會於東京。而又汲汲焉籌措四十五年之萬國大博覽會。嗚呼、此非日人所謂稱霸於將來世界之經濟場擴張厥商權而實施其政策之明證哉而况萬目爛爛眈眈環伺者不止一日本哉我國民處此經濟競爭劇烈旋渦中。其亦奮全力而求生存哉

（未完）

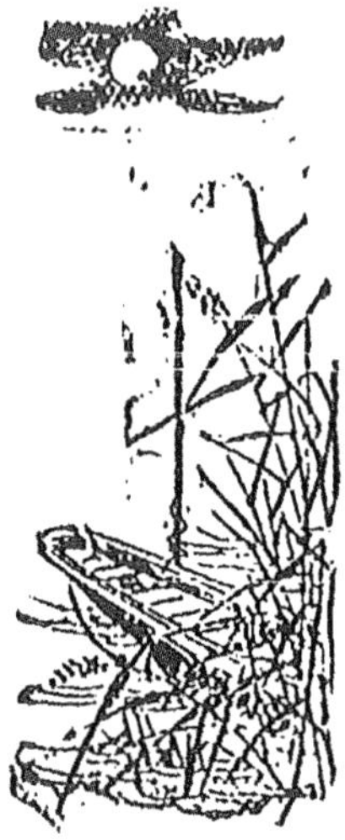

日本軍制攷

懷推

弁言

國於二十世紀侵人利權攘人土地亡人國滅人種手段愈出愈奇氣燄愈熾愈烈雖執行方法不一而足要不外游艦內地屯軍境上藉軍隊恫喝爲主動力假租借保護爲助動力而吾國之執政柄者益張大其辭直認列强爲無敵貲利欵之分潤人民復自餒其氣直謂國軍爲無能倚和局以偸安不然英據香港法據廣州灣俄據黑龍江德據膠州日制台灣侵滿洲七分八裂勢力圈滿幾佇見與吾中國一場血戰如日俄之役不獲已而後議和者雖甲午一役日勝我然可視爲無價值之勝敗蓋咸同以降文敝日深侈談歸馬放牛之盛諱言國破家亡之慘懷柔是務武備久弛以有備與無備遇猶壯者與孩提角力故一勝一敗俱不得爲有價值也然坐擁四千萬方里之廣四百兆人民之衆列國之所以敢於肆毒者以吾武備廢弛故耳而吾正可藉此偶然小挫求完缺點醒吾睡夢以振驚夜郎自大之心獨惑夫熱

河之僞以後。一挫於甲午再挫於庚子列強以奴印度兼猶太之伎倆對中國而吾舉國上下猶自燕巢幕上魚游釜中將醒而未醒者何也近者非不言練兵也而練兵之目的只在靖內亂壯觀瞻爲大吏之儀仗物而已非不設學校也而學校之目的。只在籠絡士人閉塞知識作士氣非所講也非不改良軍制也而改軍制之目的無非因陋就簡易名目眞精神非所計也嗟夫。國魂不在種系安歸傷心慘目之事。發現於十年左右者指不勝屈囊括席捲之心散見於各國報紙者時有所聞狂談僞人禍在眉睫使不及此以圖吾恐嗣後時代並練兵之權亦消除罄盡如越南朝鮮之不能自由。斯時雖欲補救嗟何及矣夫世界最名譽最價值之戰爭普法而後。厥爲日露推其制勝之原因無非見微知著實事求是聚精會神於平時乘時利用於臨事。知己知彼百戰百勝宜乎一躍舞臺而有強國獨步之榮名值此鐵血世界武力稍弱即被滅亡我國人方安於闒冗因循兵氣劍光銷磨殆盡而吾鄉無外界刺激萎靡尤倍東鄰駟驖之歌斷唱於秦風久矣近者戰雲愈洶可薩克十萬鐵騎行將渡河南下萬馬空肥嗟執祖龍之鞭爲我捍外患也豈曰無衣與子同袍時

二

乃劉裴修我戈矛未雨綢繆時猶未晚吾用是欲以軍國民之知識輸入我國人之腦奉西各國軍制日新月異固足取法而日本初勝大國新法發明尤宜仿傚故欲求一因時制宜精神完全之軍制與吾國時勢相宜者莫日本若也作日本軍制攷

第一編　緒　言

軍隊爲扞衛國家之原素而軍制乃組織國軍之原則値此弱肉强食之際視爲急務而不容緩者莫不曰練兵練兵尙矣而其中手續則自編制軍隊始編制軍隊則自研究軍制學始

第一章　軍制之意義及區別

戰爭之勝敗有二原因

(一)運用兵力之巧拙

戰爭之勝敗往往緣兵力多寡以決之誤矣不知勝敗之原因關係在運用而不在多寡例如日露之役露軍六十萬日軍五十五萬以兵數計勢難與敵何以日軍反勝露軍反敗乎此其故因日軍主將善於運用露軍主將不善運用

有以致之也是運用之巧拙即爲勝敗之原因所關研究戰術戰略學者不可 四
不注意也。

(二)國軍組織之良否

國軍云者由步騎礮工輜重各兵科組織而成者也若各兵科有未備則國軍即缺而不全要必統籌全局所編軍目適備戰用而後始可爲完善之國軍不然。若戰時有一兵科不足用則其戰亦岌岌乎可危。如日攻旅順時需工兵多而日軍之工兵組織甚少。故計五閱月可下者至八閱月始下之。又攻滿洲時。滿洲陸多水少利用騎兵而日軍騎兵組織甚少故奏捷亦較遲是國軍組織之良否亦勝敗之原因所係研究軍制學者不可不注意也。

以上二原因。一關係於戰術戰略。一關係於軍制。此兵學中最重要之點當視爲並重毋偏廢也。

軍制學者由用兵學之原因分而出之者也區別之有二。

(一)編制　編制云者即規畫兵力之決定人馬之教育及補充之方法等是也。

兵力可恃亦可危。過多則難拊循。過小則虞單薄。是兵力之決定。亦編制軍隊所宜規畫也。現今東西各國編制不一。如步兵一中隊。或五百人或三百人。各參酌時宜。因其利而規畫之。例如甲乙兩國。甲國兵多。乙國編制軍隊。其決定兵力不得不與甲國等。又必因地制宜。平原之地利用步兵則步兵宜多。險阻之地利用礮兵則礮兵宜多。編制一

軍隊由人馬搆成。是人馬之敎育。亦編制軍隊所宜規畫也。例如新兵入伍。不諳軍事。須用敎育而後有軍人之資格。最初則授以淺近操練及淺近兵術。至程級漸進。學科亦漸加。再授以伍長曹長及特務曹長之學問。若將校或自陸軍幼年學校及其他各學校卒業後。經過聯隊士官等階級。而後授以將校之職。此關於人之敎育也。至於新購入營之馬。亦須敎練而後有膽識。有步法。脫野獷搬運之性。成臨戰無敵之駿。此關於馬之敎育也。編制二

軍隊必有補充。而後方成完全之軍隊。是補充之方法。亦編制軍隊所宜規畫也。但就戰時言之。兩軍對壘之間。或逃或傷或戰斃。勢所難免。若無補充隊以

補其缺則兵力薄弱必不能戰是取敗之道也。故編制軍隊必以補充隊爲善。後之點編制三。

(二)經理　經理云者。即供給軍需品及保存之方法等是也。

軍需品爲軍中所用如軍馬軍衣軍器軍糧等是平時必籌畫周詳至戰時所需方不至掣肘經理一。

軍需品有保存之方法。不可不講求也。如人馬之衛生注重在撙節愛養無疾必預防之有疾必療治之無使傳染刀銃彈藥之存置。衣服糧草之藏儲。必時時檢查無使銹濕經理二。

以上供給及保存皆經理之責任。若稍不注意。即成廢品。軍事上受此影響。其害豈淺鮮哉。

第二章　國軍編制之基礎

國軍之編制。以豫定兵數及國軍之種類爲基礎。詳言之。國家可用幾許之兵力。又步礮騎工兵之較量如何。及陸海軍之比例如何。是不可不決定也。此決定當以左之五項爲原則。

(一)人口

國軍之編制。以適當於人口爲盡善。古時軍制。有募外國之兵。以供戰役。往往洩漏軍情弊竇叢生不可思議近世洞知其弊特變法以補救之於是有徵兵制度徵兵以選本國之壯丁爲必要但此制行於國家生產力不無妨碍何也一國之人民莫不以產業爲生活而產業又賴壯丁營作始能發達若舉國壯丁盡充行伍則產業必形減縮而人民之生活困矣故日本統計全國人口用五丁抽一之法以徵集之若法蘭西地廣人稀在今日欲行五丁抽一之法恐不能維持產業故未敢實行。國軍之編制。有關於人口者如此。

(二)歲入

國軍之編制。必取乎財力。而財力則以歲入爲宗。夫歲入本有常經。國家一切內政外交支用浩繁。固不僅國軍之需欵甚鉅若度支預算不量入爲出徒欲擴張武備盡括所有以供軍需是舉一廢百國軍亦不能獨立故近今各國雖注重軍政。而軍費。無不豫爲規定。如日本近年屢欲擴張陸海軍。而卒未能達其目的者。以歲入有所限也。國軍之編制。有關於歲入者如此。

(三)地理

國軍之編制。於地理上亦有絕大之關係。譬如甲乙兩國。境地毗連。彼此侵略。佔領之患。在所不免。欲鞏固疆域。非設重兵以鎭要塞不可。但大陸之國。與海岸之國。地勢不同。要之必視接壤國之大小若何。海岸線之長短若何。及其他港灣之狀況若何。一一就地理上籌畫之。而後制定海陸軍之多寡。守險守國有備無患。國軍之編制。有關於地理者如此。

(四)政略

國軍之編制。隨國家之政略而成。如俄國夙存囊括歐洲之念。則專注重於海軍。今知勢已不能。於是反其方針。欲併吞東亞。則又兼注重於陸軍。因前後之政略不同。其所編制之國軍亦異。所謂軍制之根蒂。生殖於政畧上者此也。至於弱小之邦。只能有保守主義。所編國軍。求能防內亂。已足與進取政畧國所編洵異國軍之編制。有關於政畧者如此。

(五)鄰國

國軍之編制。當以鄰國之兵力爲比例。以己國與鄰國對峙。其中關係。不無失和之時。若一失和。必起兵端。固意中事也。例如日本對於俄國。未開戰之先。知與俄國關係。將來必不免戰爭。當明治二十七八年間。至西伯利亞。調查俄軍之多寡。及其措置。一切內容皆已洞悉。故其後戰端一開。克收戰勝之效。果國軍之編制。有關於鄰國者如此。

(未完)

日人蒙古最近之調查

（譯每日電報） 愁夫

奇峯氏負任務而至蒙古留二年四月之久徧歷各地備嘗辛酸爲諸種之調查誠精通蒙古之士也摘其所談之要領聊供吾國人之參攷云爾、（原識）

◎蒙古各旗

蒙古之位置。橫亘支那本部之北。東西長而南北短。由北緯約三十度之甘肅省衛縣西南黃河之北岸起。至北緯五十二度十分貝克穆河之北水源止。由東經八十六度齊桑湖之東部起。至東經百二十七度呼蘭河與烏蘇里江之會合點止。北依亞爾泰山而接西比利亞、南以長城與支那本部爲界。西隣甘肅伊犁。東連滿洲。其廣袤東西約中國里數八九千里。南北約三千餘里。

蒙古全土。由行政區別爲四部。即內蒙古外蒙古青海蒙古。內屬游牧蒙古是也。內蒙與外蒙。以戈壁沙漠爲限。青海蒙古者遙隔甘肅而橫亘於西南。內屬游牧蒙古者。由施政上便利而區分者也。恰與我德川時代天領之狀態相同。星羅棋布。無一

定之區域然雖云處處散在亦非盡屬小藩如察哈爾八旗之大亦在內屬游牧部之列也

蒙古各部大都依山河爲界沙漠中無用以標示境界者惟積石以爲記蒙人呼爲鄂博總人口或云二百萬或云二百五十萬要之皆臆計耳無從知其確數也現在蒙古各旗數如左

內蒙古	六盟	四十八王
外蒙古喀爾喀	四盟	八十三王
外蒙古土爾伯特	二盟	十六王
土爾扈土	五盟	十二王
和碩特	一盟	三王

聞昨年日俄締結協約之時舉外蒙古而委於俄國傳聞密約已成立矣夫外蒙古土地甚廣幾占全蒙三分之二俄國對於蒙古全土而所有自由活動之權利者或以此耳

◎蒙古縱貫鐵道

蒙古縱貫鐵道。即恰克圖與張家口聯結之鐵道是也。其延長線。約中里二千五百餘里。此鐵道爲俄國經營蒙古之一大武器。故數年來。迭派測量隊竭力調查沿途要地。旣借用教會之名買收之。而以販賣收於蒙古各王者亦不少。此線路中恰克圖與庫倫間。(中五百餘里)取道西南。有驛站十二。此段地屬俄爾坤河之流域。往往有河水氾濫事。工事將與巨額之架橋費。修築費等所必需也。庫倫高出海面四千餘尺。然以漸而高。其傾斜之度頗緩。工事當不甚困難耳。由庫倫至張家口之間。爲戈壁之大沙漠。然其地平坦。又非如世人所想像。茫茫流沙。空無一物者。故工事之容易。誠有出人意料外者。且沿途隨處有飲料水。至夏季。更青草茂生。殆無沙漠之感。然行至支那本部。與蒙古接境之附近。則陰山山脈蜿蜒而走。犬牙交錯。崎嶇殊甚。蒙古鐵道之最難工事者。此一帶地乎。

此鐵道線路重要之都會。則恰克圖庫倫張家口三處是也。恰克圖目下屬於俄領。淸國又新開買賣城與之互市。恰克圖與買賣城之間。以普通地圖觀之。似大隔絕。

四

實則不過僅以一木柵區別之耳。人口約一萬三千人。其地支那人。大都通俄語。市之行政甚曖昧時用俄國之法律時服清國之法令庫倫爲蒙古之首都所謂活佛駐錫之地是也。人口約五萬人多數爭喇嘛僧其地有俄國領事館。又其西南約中六十里許。有喀喇和林之故趾。實突厥已來酋長之建築地也。張家口之人口約五六萬英美德法之商人等從事於磚茶皮毛等之販賣出入諸業而此地貿易則以白河之解冰與畜獸之牧養時期而爲繁寂者也。

縱使此鐵道竣工其所需之工事費與維持費竣工後之利益果得償否爲解決此鐵道價値之至重要問題然以余所推察則以所得償所費恐亦至難之事也近來淸國有自經營此鐵之計畫時時見於新聞突然雖收支不償亦斷不能舍棄此鐵道者因俄國之所以爲俄國也若俄國果經營此鐵道則我國以奉天或長春爲起點敷設蒙古迂回鐵道豈非甚適機宜之處置哉若以奉天爲起點則由奉天出赤峯其一轉而南行經喀喇沁熱河及多倫諾爾而達於張家口又其一由赤峯轉而北道巴林及烏蘇穆沁而經海拉爾之南方過小庫倫以達於大庫倫之線路是也。

此鐵道較俄國縱貫鐵道則長而工事費用亦隨之而多然收入遠過於彼即所費亦易於取償也此鐵道之敷設余於經濟上軍事上頗信其有利因詳述之以使吾國有識者知注意焉

◎清廷之對蒙政策

北京政府對於蒙古之政策恰與我德川幕府對於各藩所行之政策無異。蒙古各盟每年輪番赴北京朝見一次。其時所帶之貢物通常爲羊及乾酪。然庫倫之大喇嘛及各汗王。有所謂九白禮者。貢白駱駝九頭。定爲例。此外各汗之貢物。則因領土之大小。則貢物之多寡。大者羊三頭。小者羊一頭耳。

從來支那歷史嘗有北狄竊國之患蒙古之富强淸廷之所甚恐也故淸之對蒙古也務殺其發達之機而行所謂喇嘛教之政策其政策蒙人每戶除長男外悉令爲喇嘛僧禁其娶妻而害其子孫之繁殖又禁其殺生以抑制蒙人殘忍之性質者是也然現在有勢力之喇嘛僧娶妻而居者亦甚多耳夫一言蒙古則人未有不以雜草茫茫之平野目之者實則非其地不宜於樹木特因每年必用火焚燒山林使之

淨盡故耳。昔時支那因防蒙古之奇襲。欲使之無所隱匿。故樹木皆一切焚燒之。以視望遠方。今則以蒙古人不可以使其富也。焚其山林以奪其富。於是蒙古遂不復有樹木之可言。而成一不思議之童山赤野。且以呼雨防風俱所不能。舍牧畜外其他農業均不能望其發達矣。現在焚燒山林之政。於每年秋間行之。

北京政府之治理蒙古。雖有種種嚴厲之制。然未嘗實行其一也。所謂理藩部者亦無所施設。唯於庫倫派一辦事大臣。使統轄各王。然亦有名無實之具。無所事也。各王藩內之政治。全屬自由。且有無上之權力。以是故清國對於蒙古之威權幾等於無。而蒙古人之强半亦僅知其王有管轄自己之權。並不知有北京政府在也。又各王對於北京政府。果抱如何之感情乎。夫以無教育之蒙古各王自偏僻之蒙古而至繁華壯麗之北京。以受非常之優遇。爲無上之光榮。且以北京政府爲甚有德於已也。於是各王無反抗清廷之力。無憤發自强之心。殆與醉生夢死無復異矣。蒙古人雖多不知北京政府者。然於支那人則知之最悉。蓋支那之奸商販賣於其地。以蒙人爲無智而欺侮太甚。彼等苦之。視之如蛇蝎。而深惡之之故也。

◎戈壁之大沙漠

一言戈壁之大沙漠。雖三尺童子。莫不知其名者。其廣袤幾占全蒙三分之一。自東部斜貫西南部。而居全蒙之中。南北由北緯約三十度之黃河北岸起。至北緯四十八度之庫倫止。東西由東經約百度之甘肅省居延海東部起。至東經百十七度跨有滿洲及蒙古境界之貝爾諾爾止。東西約中里三千餘里。南北約千三四百里。乃至千五六百里之廣。高出海面約四千尺。所謂戈壁者。原係蒙古語。吾日人呼之爲戈壁之沙漠。猶謂之沙漠之沙漠。語成重複矣。故支那人不曰戈壁之沙漠。而呼之曰瀚海。然余從吾人之習慣。仍襲取戈壁之沙漠以爲名。

沙漠之地勢。果何如之地勢哉。約言之。則平原坦蕩。一望無際。渺渺茫茫。四與天連。而丘陵之起伏。望之宛如大洋中之島嶼。羅列其間。鹽湖瀦澤。往往散在。然中央數百里間。則一細流亦不可見。即夏日値大雨沛然。數時後其痕跡即歸烏有。不復少留。以此故夏季則炎熱如焚。冬季則朔風烈冽。雖春秋兩季。氣候溫和。然依然狂風數起。砂礫飛揚。草木拔折。不能遂其長養。夏季雨水瀦溜之低地。有一種高五六尺

之鬮草。非常繁茂。此草名稱不知。然其質甚堅。宛如鐵線。最能當大風。故獨得生存 八
耳。沙漠之東南一帶。其地砂土相混。最適耕耘。自西南部阿拉善至羅布湖近旁。則赤色沙石。散列其中。往往有似琥珀者。其形玲瓏透明。若太陽直射之。則恰似列錦。頗華麗。亦沙漠中之一異觀也。

由張家口至庫倫間。爲沙漠中之大道。故驛站及井水等皆備設。爲隊商常陸續往來其間。而土人亦沿道路而聚成部落。專以牧畜爲業。其貧困者。常藉給糧秣。或供燃料。販獸之糞於隊商。以爲生計而已。沙漠中所棲息之鳥類。不過沙雞雲雀及鴉等。烏鴉之類。無論何處。多受其害。而沙漠中之鴉。則又非常之多。羣飛而至。旅行者之糧秣及畜獸等。受其損害者實甚多也。余在彼所見之獸類。惟槃鹿及飛鼠兩種而已。其他尚未目覩。蒙人以生來習慣於嚴寒遊牧之民。雖冬季寒暖計在零點以下二三十度之時。亦不一日休息。數往來南北沙漠間。而從事勞役。見之不能不一驚也。

（未完）

參觀日本千代田小學校記並書後

少白

余志於小學教育久矣。而不學無術。且方負笈異邦。未得遂志。去歲友人劉君。將歸。余以期諸君。君固有志士也。慨任之。惟亦乏經驗。欲參觀日本之小學校。以爲資考。余嘉其志。遂與觀東京之千代田小學校焉。校官立。創於明治十五年。學生八百人。校長勝田氏者。從事教育已二十年。日本之單級教授法。氏所創也。余等以得日友之先容。故禮待甚周。先導觀教室。室共十六。質樸無裝飾不同吾國南方而規模之大則勝於陝西初至尋常第一年教室。男女同級。皆七八齡者。坐低几。時方授修身。問之皆灑掃應對事。蓋擇前日所授問之。知者舉手。師呼其一。使立答焉。其言皆淺近其事則日用之常。故兒童易明而樂學也。至二年室。亦授修身。程度稍稍進。師問曰。設四童戲。一童後至。引其中一童去。則此三童當何如。諸童乃紛然答。而以謂當與此一童爭者。居最多。師否之曰。同爲兒童。彼引之去者。固非與爭則損己。行說之歸五人同戲焉斯善矣學生乃大嬉皆若深然其師者余覩其狀。歎日人深得蒙養之道。旋出。他觀。校制尋常二年以上。男女分級。乃至尋常三年女生室。課程值算術。時方授加減法。師書題於板。或缺其得數。或缺其法之一。學生皆備石版。乃各計之。師呼其一。叩得數。不合則他問。合則以之詢諸童。其合者。乃俱舉手。而師復遍視各案。以正其誤者。如是者數。繼書題於板。其缺如前。呼一生至。令於板上補書缺處。書終則使之朗誦。誦已乃使歸。如是者又數。女生昇降時。皆鞠躬。致敬於師。神色雍容如成人教育之効。於此亦見若教授之法則循循善誘。尤為吾國所不及。自此出。過廊下。院中方體操。詢之知為高等二三年生。步伐甚整。學生姿勢皆昂然。師方奏風琴。其音與步調相和。發揚之氣。油然而生。號令則師始呼之。繼使一生代。神色嚴肅。一如師。日本舉國皆兵。故尚武之風養自小學。觀此可以感矣。此時值鳴鈴。告課終。乃歸標本室。少憩焉。見理科器械。及標本。所儲甚備。而歷史畫亦稱之。其廊下。則懸擊劍所用頭手胸部護具若干。擊劍為日本武技之一。發源甚古。近年益倡之。而授之兒童。其用意為尤深遠。時學生俱集廣庭。笑語喧然。蓋日本學校。於休憩時間不施學生以束縛。而在教室則規律甚肅。吾國往往失其平。甚或兩失之。可慨也。少頃復始業。乃觀所餘各室。男生尋常四年級時亦授修身。師方為講度量二字。問諸生。人之相爭。率由何起。呼名使之答。學生各異其說。大抵就己日常所遇以道之。惜限於時。未及聞師言而出。樓下尚有數室。皆少觀。是日為月曜。各級多值授修身或算術。教法略同。故不一一述之。惟尋常四年男生室。授算盤術。為我國學校所無。其法師以大盤置之黑板前側。其珠孔滑。故隨人所置不下走。學生各有小者一。師示模範於上。然後令自習之。亦便法也。觀樓下終。乃登樓。樓上多女生室。一授修身。方講弗蘭格林之格言。女子智識之博。可以略見。及一方授裁縫。師生皆忙於製衣。餘有忘之者。男生高等科諸級皆觀之。學生年齡已在十一二以上。故各科已少復雜。忽遽之間。少所領會。且小學教育至高等已少易。故闕焉。至國語教法。亦觀數級。大抵就國定讀本讀解。而不責以背誦。此事重大。他日當詳論之。觀教室畢。歸客室。余乃出所書諸條。問之校長。俱答之。以下則問答錄也。

問曰。日本小學合都鄙計之。聞已數萬。其教育宗旨當同乎。

勝田氏曰。同當維新初。師範乏材。而國定讀本。時尚未成。故有川西文直譯讀本者。害巨甚。且教會學校亦立多所。教育宗旨。一時厖雜。至十五六年際。自泰西歸者。震彼土之文明。各抒其說。欲以行之日本。中有謂宜盡從西洋者。教育界之危。於斯爲極。幸二十三年。教育勅語下。明五倫之事。愛國之道。教育宗旨乃定。至今皆宗之無異同也。但年來有謂教育勅語宜改正者。蓋其言人民之責在守國。而時勢變遷。將趨進取。故云然。

氏乃詢吾國教育近狀。余具答之。復問曰。管理兒童。可純用放任乎。氏曰。似不可。小兒情性未定。易致危險。且恐染惡習。故純用放任則害多。惟過束縛之害反倍耳。

余復問兒童道德心宜如何啓發。答曰。其最要之點。在不可責之以其所不能。強之是教之作僞也。作僞則萬惡之源也。至其詳則依其年齡而異。兒童方六七歲時。智識未開。與之言他則不解。當以父師之威力制之。蓋兒童心中。惟知父與師之可懼。故父與師之言。可使之從也。稍長智稍開。父師之威力殺矣。乃以威力過於父師者制之。是宜取古聖賢豪傑之言行。教之使知。勵之使學。則有效。更長。僅此猶不足乃以教育勅語爲最後之標準如勅語言事親當孝則否即爲背之日本國體非盡。同他國故此事之有効限於日本未可知也若夫教授詳法則隨時隨地在師長之變通存其羞惡之心而責以所能斯得之矣

余復曰。活潑兒童精神之道如何。曰此事非倉猝所可盡。惟可言者教授兒童。必教以其能理解之事使其自感興味則不以學爲苦精神可活潑矣。無論何科均宜注意於導兒童之興味而輔以體育焉蓋兒童活潑乃其天性否則非疾病即教授失法有以戕賊之耳

余曰。然則體育之道若何。曰是亦難言也。吾當述本校之設備。以告吾子。本校置校醫。每星期至校一次至各教室。視有無害衛生之事。兒童如有異狀者。診其輕重使之休數時。或數日。告其家使醫之其傳染疾者則使之歸家與他生相隔。以妨其傳播。每年夏檢全校兒童體格一次。視其身重若干長若干胸圍若干及五官有無疾病與前歲較證其發育之度終則判以甲乙其劣等者警告其家而學校亦特注意焉若劣等者多則知校內設備必有害衛生者否則必有他因也乃證以往事考其

因而改之此其概也。若夫體操之法。則吾子所知。不多述以贅。惟鄙見教幼童。當重游戲體操少長。則普通體操外竿架木馬諸術皆可任其自習有謂其劇烈不宜施諸兒童者余不然之。惟加入正課。則不可耳。體操外。本校於春秋二時。率全校兒童。旅行遠方。或山之麓。或海之濱。居之數日。令兒童自由游戲而教員監督之觀歷史遺跡或動植物則隨時講解爲如是則體智二者均蒙其益近來運動會盛行。善矣。然行於人口稠密空氣不潔之地而兒童好勝往往失之劇烈則害亦甚大或竟害逾於利也

問曰。普通智識。所關綦重。何如啓發之。曰此問範圍甚廣。余淺學。恐不足饜吾子望。惟少舉以告耳。國文讀本中。記載甚富隨時解示啓智之道在焉如遇重大國事則揭示於體操場集諸生而告之其次。則教員於授課時。間擇新聞之要者。告使之知。可也。敝校現即如是。

復問曰。貴國男女同學。有害乎。且教法有無區別。曰善哉。男女同學之利害。吾國學者。論爭久矣。文部未頒定程。故校各有異。敝校尋常三年以上。始分授。他校有始即

六

分之者。有始終合者。惟依余見。尋常四年間合授爲宜。蓋可節冗費。而教授科目。亦同也。若恐有他弊。則屬杞憂。至高等必分者。所學不同故耳。敝校將改章。余之議或見諸實行也。

氏乃問吾國若何。余答以主當分者多。而女學未興。女子無學。尤遜男子。乃相歎備教末流之弊。繼復問曰。吾國失學之人衆。而教育初興。學生年齡之差。往往相遠。教育家皆難之。貴國何如。答曰。今無其事。惟維新初。則嘗有之。余亦嘗從事之矣。年長者智識已開。易於領悟。輔以單級教授法。可無他難。吾子欲知其詳乎。吾當導之觀單級學校焉。

余既謝之。將復有所問。時午鐘鳴。氏乃止余言。出僻以饗余等。 （未完）

八

片羽錄

美國養鷄談

吾人生活程度高下。恒隨世界文明之進步爲轉移。二十世紀醫學日形發達。凡所以衛生之道其理既隨其術亦精家畜飼養上資其骨革毛羽以爲攝生之用者日益廣飼雞取卵衛生家尤視爲惟一之珍物吾鄉田閒間多以畜雞易錢歲依爲酬酢資惜交通不便輸出不易其每個價比日本廉至十倍或二十倍以依人成視爲細事不甚講求然推而廣之羽織雛詰採卵一舉三得獲利極普家禽學之研究各國皆視爲專門玆特取日人所談擇要譯之以供有志斯業者。

(一)養雞之困難(附飼料論)……(二)卵之速生法……(三)卵之儲存法……(四)飼料之比較……(五)飼料之分量……(六)牝雞之運動……(七)牝雞之變食……(八)產卵數與雞體之關係……(九)牝雞肥大之預防法

(一)養雞之困難(附飼料論)　家禽爲雜食動物多食招損少食亦未宜必察其體格度其匹數施以一定之飼料相當之手法注意之所在原不異於他家畜美國家禽界飼養合理數蒙利益覽其許多報告詢其成功秘訣不過曰良家禽必飼養善而已且化學上之飼料論未定亦愚必輔以經驗上之智識則其中奧妙始克

洞悉觸類旁通。他家畜之飼養。亦不外此理。雖然。學術者。事實之本。經驗者。學術之結果。外本事標末爲得也。

吾人於家禽界。欲得最良之經驗。以爲模範。非求之學術。證之實行不可。彼盲目之誇於學術之飼養論。漫加排斥。任個人之私論臆斷。以爲法式。何怪其屢試屢敗。見兎顧犬。時猶未晚。及今圖之。利益可蒸蒸日上。

二

家禽既爲雜食動物。純飼以大麥或一種類之穀物。不思變通。則於產卵雞之價值。殆害非鮮。且同一飼料。給飼之法。苟異。產卵之數。亦判多寡。故同一雞也。甲則良其棲舍。潔其供器。變其飼料。矯其慵惰。導其運動。較乙之任自然者。產卵數有百與五之差。烈寒酷暑之際。雞舍內不充多綠食物與含鑛物質之飼料。產卵亦少。小麥黑麥（黑麵包製造之原料）燕麥皆良飼料。每日所飼之量。與他物比較。不得過三分之一。次爲富於澱粉質之玉蜀黍（俗稱即玉麥又稱包穀）是物自經驗家論之。頗有奇效。而理論家多持反對之言。權其兩方面。凡純一之穀食物。決非完全飼料。必與切藁泥合。撒布沙礫中。使之撲揚擇食。而牝雞多樂此法之待遇。蓋禽類體中。俱有沙囊。凡碎骨小沙木炭粉等。隨飼料以呑下者。皆貯存於囊中。擦磨動蕩。最助消化。故養禽中人。皆留意於此事。

（二）卵之速生法　採卵之雞宜瘦。肉用之雞宜肥。家禽飼養之秘訣也。美國一般農人於秋獲之後。玉蜀黍等穀類。粒米猥戾。布滿場圃。任牝雞自食。吾國則以玄米粺粒。爲秋後飼雞無二寶物。其結果也。以含澱粉質等穀物過飼之故。使其脂肪增加。倘陷於卵數減少地位。然養雞之目的不同。則肥瘦任飼育者之意可也

綠草爲飼料第二副物。前已言之。然時屆冬期。萬物枯槁。綠草缺乏之際。代以煮沸之乾草。亦可使卵數增加。乾草之中。以苜蓿爲最宜。其製法。碎斷一二分爲度。裝入容五升許之釜內。浸之以水。前夕置於暖爐上。翌朝

以火溫之。滴去其水。飼量乾草一分。小麥麩二分。動物骨粉質三十兩。或加入豆腐殼亦可。共混合一器內。極力拌勻。五升食料可供產卵雞百羽一朝之用。夕則飼以微物。飲以微溫清水。棲舍宜南向避風。使多受天然之溫暖。人工給熱。大有妨礙。故冬期依此法飼養防衛。數有功效。若用藥品摧撼更屬無益。蓋藥品多刺激之性。殘傷其天然生育機關。求益招損。智者弗爲。

(三)卵之貯存法　生活之度愈高。用卵之途益廣。家禽飼養所以有價值於今日也。然卵之產額因時增減。人之生活隨地而異。春夏之交。卵額驟增。時至寒冬。價愈數倍。故於講衛生謀經濟上起見。則卵之貯存方法。不可不講。近人所常用者。則有二端。一爲利用硫黃之瓦斯。取糠稻等物。燃以硫磺。納卵其中。復盛少許硫磺於貝殼等物。燃之。置諸卵上。迅速密蓋。半時之後。取出置諸他箱中。襯以燕麥。每七日轉覆。次若合硫磺瓦斯於燕麥中則尤善。

一爲化學上之應用。取水六斗。淨石灰九斤。鹽三斤。混合一器內。每日動盪五六次。待其澄清。約耗去總量六分之一時。復用製麵包用之曹達。消石英。硝石。硼砂各三兩五錢。明礬七錢。相合成粉。溶以三升五合之熱湯。共加入前石灰水內。盛以橡罇。然後投入卵百五十枚。則水常高出卵二寸許。蒙布於水面。則沉澱之物浮臧其上。經時既久。隨時注水。以補其蒸發之所耗。上二法用雖不同。然任便取一法驗之。能使經數月之卵宛若新產。其結果則毫無軒輊云。

（未完）

四

◎駱駝植物

沙漠之植物。皆有貯水機能。雨稀之地。猶爲繁夥。其種類多屬胡瓜。具有水囊作用。略似駝之胃囊。形狀畧似南瓜。其物質最能防水蒸耗。每年一回雨期外。常埋熱沙中。雨期初則發芽。雨期終則結實且熟。千九百零二年。有一囊置於美國某博物館之乾燥棚上。迄今六年。千九百零一年貯存之水。猶然未減。每年屆沙漠雨期之時。則萌蘖叢生。旋即枯死。間此水尚能貯數年云。

◎電話新聞紙

歐洲匈牙利國首府不律悉(Brussels)市內。用萬一千餘英里之電線。每日依時。以電話傳送既定之各種新聞紙。於萬數千戶。每日新聞費約我國四分有餘。裝置費均代爲之。而不取資。四閱月之後。可以隨意廢置。其發送狀況。以巨聲讀原稿於二順微音器前。受聽者則有二耳筒。二人可並用。通常日刊新聞發表之外。他若音樂合奏會之妙調。劇場伶人之詞。爐邊安坐。咸可聆悉。但廣告費銀貨半元。限時不過十二秒耳。

◎高價之蜂

林檎桃等之結實。以蜂蟲往來。媒介其花粉爲至要。園傍殖蜂。釀蜜多。則媒介花粉之度數愈繁。故菓實良否。與蜂勤惰。有密切之關係。其在美國。有意大利一種蜂。因人工之進化。變爲濃金色。性最勤勞。繁殖園傍。效著成效。目下歐洲加拿容等政府。皆於其輸入。行獎勵政策。日本去年春。以菓實培養之故。輸入蜂之女王一匹。配以雄蜂。生殖頗多。成績卓著。近美國雜誌中。載云此女王蜂。四萬卵或六萬卵中。始得其一。每匹約吾國二百餘金。桑中陸海上腴。五穀桑麻外。濮栗杏桃之成林者。無地無之。苟能仿此法。則獲益豈可以道里計哉。

◎最高價之物質

西曆千八百九十八年。法國學者某氏。發表其所發明之辣底謨（Radium）物質以來。理科界中。頓放光明。此物之光。任何物不能遮掩。即鉛亦不能使有反射。且其寫真。有黑子斑點。與日光之結果同。作用能除害類之痛痒。於無感覺中。外尚有種種異事。人咸謂萬病即愈之藥。千古不滅之光。永久不息之動力。稗益人生。良非淺鮮。然其價極昂。一厘七毛重。其價值七千二百佛郎。（約吾國三千八百八十元）高金剛石七百餘倍。世界中含此物質最多者。在墺國波布米（Bohemia）地方產出之瀝青烏拉謨（Uranium）鑛石中。千三百餘金瀝青烏拉謨中。含有之辣底謨。抵較三立方尺海水中所含之黃金。益爲過之。墺政府以保護波布米之玻璃故。於造玻璃必要品密由拉謨足用外。瀝青烏拉謨。不許採掘。而辣底謨之製造。年取資於密由拉謨物質云。辣底謨之光。若分解其分子。保存於雲母石器內。一厘七毛重之六分之一。雖經千餘年。消耗猶不及半。價值之高。不亦宜乎。現今著名學者。猶研究其光之作用。並搜索含有此物質者。想世人沾惠於此物質之期。當可翹足而待也。

◎競飛會

比利時國。去年舉行萬國空中飛行大會於浦路芝府。飛行艇共三十四艘。於既定之時間內。飛行最長之距離者。德國第一。行六百二十一英里。次爲瑞士國。行五百五十五英里。次爲英國。行五百五十二英里。其時間尚不明云。

二

晉乘廣告

本社六大主義一發揚國粹二融化文明三提倡自治四獎勵實業五收復路礦六經營盟蒙議論深邃精實迥非浮夸皮傳者所能企及其中研究國語闡釋古學諸篇允爲空前絕後之作文藝一欄更能滌舊革新獨樹一幟誠有裨益社會之文不類無關時世之作宗旨光明材料豐富誠文明時代無雙之驍將雜誌世界惟一之霸王第一號出版後大受社會歡迎識時之傑有志之士曷一覽焉

日本東京神田區中猿樂町五番地

晉乘雜誌社啓

雲南雜誌照片之奇特

敝社自開辦以來以材料論除照例揭載關於西南及全國之重要文字外尤以每號均直接譯載法英越緬越各最有關係之書報爲獨一無二之特色今更大事擴張即圖繪一門亦無不極意搜羅以期饜讀諸君之目計刻下由特派員訪事員通信員諸君所寄來非常奇特之照片如左（自十一號起接續登載）

（一）法領安南之人頭博覽會 其一以安南無量數之人頭積累而成觀之可以知亡國人之慘狀其二以中國無量數之人頭積累而成觀之可以知海外同胞無同種政府保護之慘狀均特派員所親撮者也

（一）法領安南漢軍旗活動之眞影 計二幅均中國人投入法籍者也一爲平時一爲演習時之照像觀此可由明末漢軍旗之大活劇以推定中國今日之前途

此外更有關於印度洋島之緬王及王妃及緬王故宮之照像法國各種兵隊演習及軍營圖法人殺安南人各種怪法圖關於南防形勢重要測繪圖多種

注意 凡定閱本報者均可向本社或新女界四川夏西河南農桑等社訂購定閱各報者亦均可向本社訂購

日本東京神田區西紅梅町六番地 雲南雜誌社

附錄

附錄

西蘭鐵路緒言（來稿）

今吾

西蘭鐵路。自歐揖政策失敗後。續有三省合辦之議。擬由豫而秦而隴。以直接新疆。其識甚卓。其論甚偉。惟至今未見實行。在謀國者。殆謂蕞然片壤。何關輕重。吾惟以一紙空言。塞厥衆口足矣。餘復貌怡。不知秦隴雖僻處一隅。實與吾中國全局安危有極密切之關係。則鐵路一事。不惟當合三省之全力舉辦。即合二十餘行省之全力。絕應以赴。猶有懼其已晚者。顧可淡漠視之乎。蓋嘗盱衡天下大勢。東南如腹足。而西北則其首部也。故自古據有西北者。恆足以制東南。而東南則反是。誠以建瓴之勢。雄據上游。形勝既得。易如破竹。徵諸已往。歷歷可數。則欲保東南必先保西北。實為一定不移之鐵案。彼秦隴者。豈非西北之堂奧。而新疆者。又非秦隴之藩籬乎。今者遼瀋遭挫。俄人既移其經營遠東之方針。以注意中亞。其視新疆已不啻囊中物。而我力殫備弱絀以制之。天山南北。行將拱手讓人。是新疆失。而藩籬撤則秦隴危矣。秦隴危則東越潼關以取豫晉燕齊。南出子午谷以收巴蜀滇黔。而全局裂矣。彼時即使臥薪嘗膽。力保東南。竊恐半壁河山。難支殘局。牛馬奴隸之慘。且及吾身親受之。而莽莽神州。悉成為白種之領土。嗚呼。其禍可勝言哉。無如政府諸公。拘於睫見。未能遠謀。而封疆大吏。復畛域各分。藉端推諉。不肯和衷共濟。每決一議。動經歲月。如築室道謀。雅步救火。一旦禍起燎原。雖悔何及。是當前之所謂新政新法而竭力以營之者。爲他族代謀而使之坐享其成也。爲今之計。莫如聯合中東學界諸同志。發之報章。廣爲布告。大聲疾呼。痛陳利弊。俾通國人士。知西陲一綫軌道其係於全局安危者如此其重且鉅。而禍機所伏。又有迫不及待之勢。移其可緩。先其所急。破除成見。合力經營。刻期興工。爭先恐後。則是合二十餘行省之死力。以爭存此西域。俄人聞之。當或戢厥狡謀。而秦隴之禍。亦可隱弭於無形。不然。一著偶誤。全局並覆。西北既去。東南隨之。環球雖廣。又何從覓一片乾淨土。以綿此神明之血胤哉。

狡哉官吏窮哉紳民（來函）

綏德州吏目傅沛和者。蒞任既久。民性熟諳。見下民之易虐。知上天之可欺。咸豐間作心日巧。手日辣。錢癖日益劇。乙巳年郡中警務局立。渠營緣得充總理。貪婪愈熾。日惟以搜求罰欵為急務。凡理詞訟。率以苞苴之多寡定是非。無賴之徒。挾嫌搆控。皆獲左袒。貧民伸訴。輒不得直。蒞郡數年。劣跡難更僕數。今就客春一事言之。郡有蔡紳鶴山者。性伉直。好為人排解。一郡咸器重之。一日以事至捕廳。見鳩形菜色囚首垢面者廿餘輩。枷鎖郎當。橫遭搒掠。殘酷無人理。詢所犯。皆倉惶後顧。茹淚吞聲。縮首不敢道。惟以目視蔡紳。蔡目擊情形。忿然曰。良民無罪。貧乏其罪。今而知獄吏之威矣。惡役邢秀榮等。窺其詞色。咸洶洶環伺。目怒於蛙。沛和亦大言恫喝。蔡憤氣塞吭。嘿然歸。蒐其劣跡中佐證確鑿。人所共知者十餘端。肅稟上直牧張銘坤。大意謂傅某越攬詞訟。顛倒黑白。放縱丁役。殘虐鄉民。逼死民婦某氏。因其刑餘數千金。重利盤剝。積貲盈萬云云。稟上。張牧怒。謂人曰。傅某之惡。擢髮難數。余所深知。當據實上詳。稟請徹革。郡人聞之。欣喜相告。謂傅某惡貫今日滿矣。咸額手頌蔡紳義舉張牧賢。傅成友者。代傅危而孰知傅某法力有不可思議者。嘲哳渠竟能令青天直牧化為和事堂公也。稟上越三日。張牧以刺延蔡至署。代傅轉圜勸解。蔡正色曰。沛和之虐良民之冤。郡人共見前文生錄某已具控有案。鄙人亦以不忍於良民冤抑。非有私意也。明公執一郡政。有佐知是而姑容之。豈特郡民之殃抑亦明公之辱也。伏望據實上詳。郡民幸甚。若必欲保全之。亦惟公意。但上稟與否。則操自鄙人。倘乞諒之。詞終竟出。張大慚恚。而無如何。事外聞人。益慫傅危。而孰知堂公更有和事之妙法在。蔡紳既歸。復以

附錄　　綏民

函促張牧乃歷十日音耗都絕正忿怒間忽若頭持函刺遞啓。函。乃約內署便酌。視刺。則張牧也無已。姑赴之張肅之入意殊恭坐與嘲噱言笑歡甚既漸及傅事蔡猶未對而一人闖然自內出蹶立筵前冠服肅然正傅某也咄彼胡自來乃堂公先匿諸屏後也來何爲諸君試思之妙哉。堂公言笑縱橫之際忽覩傅某振襟起肅然立面部笑容收拾淨盡以目睨蔡斥傅曰。汝之罪戾本無可逭特以情有可原故吾爲汝乞蔡公蔡公仁慈已不汝較今見蔡公乃作此狀耶蔡公即欲汝恕柰如汝強項何詞未終傅遽蹄泥首拜蔡猶嫻鼠伏縮瑟萬狀蔡驟睹異狀錯愕不知所爲瞠視移時拂袖竟出既出而跪者尚未立立者尚未坐也傅既得張庇而張復有與援蔡亦莫可如何事遂擬綏民曰。吾陝紳之嫺官者已數見不鮮未聞以官嫺紳者也有之自傅沛和始吾初不知嫺之若何既乃聞其拜拜固若斯之神也一俯仰間而張牧縱恿之慾可飽傅某之銜頂無恙繼此以往貪橫益甚而生因之屈死婦之冤遂永永無伸雪期拜之時義大矣哉而郡民則甚可悲矣且以此推之。吾省牧令如張某者何限佐貳如傅某者何限良民冤抑之倍於吾郡者又何限吾爲吾郡民悲吾尤不僅爲吾郡民悲也雖然不如傅某固不可爲佐貳傅某官料哉其品之卑亦地位限之耳各大憲因才而使位置固甚當也吾又何責焉

日本婦人之陝西觀

左爲本省某學堂教習日人佐藤氏妻之寄簡載於日本某報今節譯之以告鄉人

(前略)陝西未開商埠同胞居者甚少今居西安者七人此間我家三人外任教員者尚有一人寂寞無聊惟日盼故國好音以作消日之計此方人士夏時患腹疾者皆謂日人必善藥索者甚衆我家雖未多携然猶每調劑與之惟受者不言謝而病愈後亦莫繼其事者旋藥入殊難爲情耳此間風俗不同吾邦甚尤可異者富家之外娶妻皆買之習慣一事去年方我妊娠時傭一老婢使執灑掃役婢問家僕已娶否答以貯金不多尚不能買而追問娶當時買價幾何焉爾言對照令人捧腹生子以來家事日繁倒底之事乃任庖人聞其有妻試詢其妻之價則答曰吾妻價廉蓋僅十七金耳更道其有子女各一日前已賣女而爲其子娶云云我儕異其俗而彼等言時尚欣欣然有喜色也又此間往往有携子傭於人者我家婢亦然一日婢之女徐至我室我竊窺之則方以足履我履而笑我觀其狀竊歎至明歲此女已七齡當罹其國纏足之刑矣不禁爲之潸然上流婦人多染吸煙之習終日高枕無所事事每遊田園見鴉片之植多於五穀其爲害之烈可以想見矣惟其花甚美固我邦人所未見者(下略)

譯者譯此篇竊歎吾陝風俗僻陋至於此極詫怪佐藤氏以一婦人適我國留意於我社會狀態之深也夫我之社會其狀態在吾鄉人心目者有以異乎佐藤氏之觀與否吾不甚知苟如所言則固昧焉未開化之羣也何身處局中者反習焉不覺抑知之而乏於補救之術耶買女易婦之俗窮鄉僻壤間亦有之雖未至如

所言之甚。然與婦女嗜烟。已甚同受外人非笑。至彼睹七齡之女。以其將纏足爲之潸然增肉刑之悲何其有仁人之心也而非父母方以爲致飾女子不如是不足謂其言也傷已　二

時事彙錄

◉列邦時局一覽

●建立太平洋艦隊之風傳（英國） 英國斯丹達報宣言海軍部已決欲于明歲五月時將第四巡洋艦中隊另附他巡洋艦六艘組成一太平洋北美洲艦隊據稱已擇定文戈佛東南之裘斯克英港爲根據地云又傳云英國海軍部力駁斯丹達報所言爲非是

●皇帝與皇太子被刺（葡國） 葡皇與皇后及兩皇太子同乘御輦從街經過忽有暴徒數名連發銃斃皇帝與太子均受三彈丸而薨幼皇子頭部及一腕受微傷皇后幸得無恙聞此事係無政府黨所爲內有佛蘭西西班牙人云

●陸軍卿對於日本之宣言（美國） 美國陸軍大臣塔虎脫抵紐約時語客之進謁者謂外間所言日本人排美諸事殊爲無識之言美艦東游之舉日人視之亦屬平常蓋彼固意此行不過爲海軍實行練習故也

●外國報紙之偏袒（英國） 英泰晤士報評論間島問題謂解決此問題祇有二道其一即以兩國居民人數之衆寡將此邊地均分其二即以此案交海牙公判廳辦理該報又謂日本之於滿洲已爲世界盡一大職

今中國以日本有此佔得利益而生怨言殊不合理云

英人袒庇同盟國其言如此可知外交界之專恃强權也

(8)社會黨之暴動（德國） 德國議院及皇宮兩處幾至隔絕蓋有警察隊層層圍守執格嚴待恐社會黨人因要求將德議院選舉權許與普魯士國會之故而起暴動也德相蒲路親王在議院中當社會黨人群起反抗之際聲言凡不屬於德議院宗旨範圍以內之事概不願從一律並告誡社會黨人勿再行暴動不然必嚴行壓制云

(9)日人違章不得入境（英國） 近有日本人三十一名自墨西哥至坎拿大之文戈佛埠爲官吏阻止不准登岸因其有違新定入境律例中（須從本國直接來坎）之條件故也

(10)英報歸獄中國之辭（英國） 英國太晤士報評議中國與日本爭執問題大意謂中國每引人介爲其所難能可謂詭譎如東三省地方設非日本之力無論如何必不復爲中國勢力所及之地又如西藏在英兵入藏之先早已非中國勢力所及今如何說而中國今日乃以不能享受種種恭順之待遇故多所爭辯不知此非中國所應受者也設中國能對於外人爲彼國利益所行之事更加倚重於己國所行之事更慎加審察則中國不平之責言將更足使人注意矣

(11)虛無黨圖毀美艦（俄國） 南美洲利亞强尼發埠警察察出有虛無黨人設計圖毀美艦隊之一部分云

◎旅順失守案內俄將之互訟（俄國） 俄京聖彼得堡法廷審問旅順失守案時其重要情節即司徒塞大將與斯米瑙甫之互相攻訐而已斯米瑙甫謂當時旅順之攻戰與守衛二事司都塞均措之不問渠祇顧發行背誦如流之號命聲告獎勵章之事且借奪斯米氏之地位以期施行其投降之謀云

◎經營膠州之預算（德國） 德自租青島至今已設有學堂多處以教育華人其用意至為深遠德報章近年復時時提議以教育華人為唯一之政策並以膠濟沿鐵路一帶可全用德國語言文字為至慶幸之事刻聞德政府經商明年預算表擬撥三十萬馬克為膠州殖民地建築學堂之費再續撥七萬五千馬克為各學堂經費議院能核准與否尚未可知德人以如許鉅款教育我華人我華人果有若何之感情耶

◎俄報之公論 俄京瑙佛來委報著一論說請俄政府協助中國與日本力爭間島問題並拒絕不准中國自造新民屯至齊齊給爾鐵路之議

◎內國新聞誌要

◎政界

◎大令改過（米脂） 米脂縣令潘筱洲蒞任初為幕僚丁役所隱蔽怨聲載道厥後察知隱蔽情形將兇暴三班總頭葉榮斥革懲治又將幕僚約束一切詭弊而已絕跡設警察局雖未能完備而信用紳故一時鼠牙雀角不勞官力即可解決苟能推廣分而於四鄉則更有進

●恩撫尙提倡議（西安） 某日余提學謁恩撫恩撫語以興辦女學余提學歷陳種種爲難情形恩撫曰我們不辦女學堂他們又要罵我頑固無論如何爲難總得設法籌辦余提學唯唯而退

◉學界

●擬辦教育雜誌（西安） 前教育會職員會議由胡平甫提議組織教育雜誌爲本會機關並擬任常年經費二百兩當由職員全體贊成已籌議章程並一切辦法矣

●學堂之腐敗（甘肅） 甘肅高等學堂于去年秋間聘日人岡島梅村高橋三氏爲敎習幷助敎二員今年合同期滿一律辭退岡島等於十一月中旬到陝暫駐數日略述此校腐敗情形令人痛哭據稱全校學生十人九纏多以石板爲煙盤收支員某君以石板爲學堂所發用品例須收回因商之學生勿以石板爲煙盤而另發每生洋鐵盤一具云詳其所以腐敗至此者則實升允陳曾佑縱爲之蓋伊犁長順新疆聯魁甘肅升允陝西恩壽四難幷而西北危矣

●高等小學之更動（三原） 三原高等小學校今歲大有更動由王紳曙樓建議校長不兼學科敎習多添一人牛君引之已定二教員聞有人荐劉繼周李凌雲充當二人本係省城師範簡易科卒業學科之不完全不問而知且國學無根抵三原學界素稱爲全省冠者今每况愈下云

●改辦實業學校之先聲（三原） 宏道學堂余提己定今歲甲乙兩班生畢業後改爲高等實業學堂開辦費六萬兩常年款一萬五千金擬派本堂胡監督赴日本調查辦法

●巡警砍傷學生(同州)　據同州學界報告巡警凶暴黑暗各情節錄於下
十一月十四晚學生被巡警砍傷係巡警先肆毆辱當時有人奪回巡兵鳥槍一枝長刀一把木棒軍棍數件均有巡警名號可資事後戲場會首具稟縣署稱學生並未滋事係巡警挾嫌且有商人受傷云云

●小學風潮(大荔)　高等小學全體學生稟詞略云本月十四日晚堂內學生劉耇生曹焜因晚假出堂路經縣城亦隨衆戲台下偶爾停立忽來警務局頭張有年傅振江等手提委員官銜燈籠各執馬棒左突右衝與衆角劉曹二生向伊理說伊等便提馬棒橫打爲看戲衆人阻隔未能肆其凶威遂即回局會同各局勇丁及巡役王魁楊妙思等率領數十人各執刀槍棍棒等械兩頭攔住無處可避立時兵器亂下幾幾待斃幸衆人喝阻伊等始行逃回丟下鳥槍一支長刀一件棍棒折斷者數件可証遂往縣衙喊稟縣主當面驗明傷痕傷將劉曹抬回一夜之久不省人事次早請醫看明劉耇生頭上刀傷甚深渾身青腫曹焜左手食指已被側去餘傷略輕然亦遍身疼痛不敢屏息劉生九死一生曹生命或可保此皆實在情形傳詢巷內耆衆備悉不敢少涉隱蔽致干誣坐現在二生垂危縣主徇情不理十五日黎晚忽將門夫拘往重打五百開府廳總局委員陳潤分局委員盛汝霖之言欲將警兵十五日下午所稱之傷硬誣學生上稟府憲由陳潤向在中學堂充監學員以吸食洋烟學生指斥立時撤出現雖不住堂內仍薪支水然銜恨學界飭警兵時與學生尋非學生未敢與較盛汝霖年少任氣在亦隨巷居住之爲巷人側目生等不敢計此次之事係該員等嗾使亦不知警兵勾結匪徒巡役多至五六十名兵刃交下必置學生死地是何居心(中略)但傳聞縣衙府意必袒警仇學

假鍊羅織以興大獄恐來省稍遲生等殺從之冤呼天無路爲此公界代表俯闕泣訴云云

●實業界

●電爭路礦航權（西安）　本省士紳電京同鄉官紳詆升恪並請倡議籌款自辦全省鐵路及黃河航權以絕外人覬覦

●油礦之發達（延長）　省撫恩中丞奏延長縣石油礦質甚佳足與美爭並駕較之日本各油田其上推日拔師阿部業經辭退股本不足請先行設立公司廣招商股仍執定不收洋股不借洋款之例或由本省招集推及外省或專歸商辦或官商合辦尚待查酌情形奏明辦理　按延長石油質之佳見於中外各報外人稱鉼乘涎不已蓋石油利益其大無比美國石油大王以油致富各國視若性命環顧陝中紳商幾若熟視無睹一任官府之遷延時日何如速自集股一面再派子弟來東習速成煉油法並考察建造油池各法不過半年即可舉業利人利已何憚不爲若失今不爲吾恐外人將乘隙投資本而奪取矣

●留東陝甘同鄉爭黃河航權　西歷十二月十一日東京各新聞載有比國人運動黃河航權特許一事陝甘同鄉聞之不勝驚駭即日會議電外郵二部請堅拒並會籌議切實自辦之策致外郵二部電文如下

外郵部列憑約駁甘黃河航輪議就自辦升恪私賣比商死不公認祈堅拒

●實業開辦權外溢（甘肅）　甘肅林業月見衰敗每木一株大二尺長二十尺者僅需本銀二三錢消運省則須伍數十金尚折本此非設大公司合力經營不可

甘省通城瀕井居人賴黃河水爲飲料渾濁不堪而價甚昂現有西人謀辦自來水已向當道提議

甘礦富厚甲全國今歲官場設礦務學堂延比人賀爾韌爲礦學化驗教員先後經官民寄到砂金礦數十種化驗每百斤得金五兩有金礦十餘種化驗每百斤得金三兩餘土法煉成粗銀三十餘種每百斤得銀五兩餘又有最好紫銅礦數處其特出者每百斤可得銅六十餘斤其餘銀銅磺鐵等礦開採者不下數十種而尤以煤鉛爲最多礦師已化之礦均標識陳列學堂任人觀覽未化礦樣堆積如山前林阿得與當道訂約願以十八萬金機器賒給公家開辦各礦俟得餘利再行付價現聞賒機之事已難辦到另謀他策矣

◎鐵道總理到汴籌欵之辦法（開封）　河南鐵道總理劉少宕右丞王育廷觀察月前到汴現聞提議籌款辦法數條、一係每畝地丁於徵收錢糧時加收若干、一係鹽觔加價官鹽於售賣時每斤加價若干、一房田稅附股於每稅契銀若干兩限定現令其入股若干元、一提生息銀兩係將省城及各州縣發鹽當生息銀兩歸公司承借利由公司照付、一提車馬餘欵各州府縣辦理兵差公差車馬向由民間徵收多有餘欵紳委金行擬令派調查員詳查核實提撥、一煙酒加稅以上諸端已商於林贊帥飭司道核議再行訂定籌辦一面設法廣爲招股

◎合辦西江航業（兩廣）　廣州函云省港梧航業前經梧州人士發起粵垣商界亦極熱心此事近由梧州特界代表到省會商先是商辦梧州航業有限公司於十一晚七句鐘在粵東會館內商業研究所大集會議公舉代表赴東省與粵商自治會磋商辦法是晚議決三條　一議本公司原名梧州航業範圍太小且與爭

回西江捕權宗旨不符似宜改爲西江航業有限公司（衆認可）　一議發起時招股章程擬招股本三十萬元原恐股額大多一時難於招足公司便不能早日成立故衡舉至少之數而言並非限定三十萬元似宜多出招股冊百餘本分送政學各界且隨寄南洋東洋各同鄉以廣招徠而厚資本（衆贊成）　一議東省輪船會社約本公司合辦函電屢催究竟應否與其合辦似宜快定宗旨速派代表赴東省磋商請公議經（衆商論良久以東省招股太多成立必遲本公司志在速於開辦不如請東省酌量附股爲妥當即決議舉周林兩君爲代表於十二早附輪東下本此意與東省磋商

●擬辦海協鐵路（淸江）　海州至西協之路其長二百餘里爲運鹽通津然運鹽係由水路若値水落之時鹽隻難行鹽即停滯而其古之鹽價往往因之而漲計運即難流行日前海州分司裘道之分縣擬招商集股開辦海協鐵路爲將來運鹽之計且即用爲江北鐵路之起點各商聞之甚爲踴躍聞不日即開會提議云

●軍事界

●議設兩湖水師提督（湖北）　張相國前在鄂督任內曾有添設兩湖水師提督之議近又與政府諸公提議此事且謂湖湘之間河港紛歧形勢險要且湖北境地爲輪船汽車之中心點交通利便防範宜嚴更兼近年梟黨各匪多在長江匿跡漢口實當其衝而長江水師提督及漢陽瓜洲湖口各鎭總兵均相距甚遠難能實難應設兩湖水師提督以資護衛云

●査勘砲台（鎭江）　鎭道劉襄孫觀察於十九日會同駐鎭巡防隊統領赫成額協戎馳往象山都天廟焦

山岡山等處查勘砲台以重防務

●籌議訂購兵輪（安慶） 皖省向滬上船塢訂購兵輪原議價值係五萬二千金但其船式短小近因撫特飭加寬尺寸增益價目已由藩司籌款電請電政督辦訂購矣

總 本社代派所

西安 省城南院門 公益書局
省城健本小學堂 王正心君
省城教育會 南雪亭君
三原縣宏道學堂 李廸庵君
三原縣東城內 純忠堂
綏德州中學堂 安慶豐君
涇陽縣涇干小學堂 楊鳳軒君
渭南縣勸學所 王紺君
同州府城內東街 郭文選君
榆林公立小學堂 高普熙君
漢中城固縣鹽店街 甯乾生君
宜君高等小學堂 張文通君
延安府中學堂 曹之翰君
蒲城縣教育會 李良才君
甘肅 省城高等學堂 王章君
車正軌君
廣西 梧州府公益商店 粵西雜誌支部
山西 省城 教育總會
晉新書社
河東運城 姻淵公司
解州 河東第一織紡公司

河南 省城西大街 大河書社
省城優級師範學校 張仲友君
葉縣師範傳習所 宋紹裕君
信陽師範學堂 曾予吾君
衛輝府中學堂 秦長明君
雲南 省城 雲南雜誌支部開明書局
騰越廳 公學會
昭通府 廣開看報社
永昌府 新開縱覽社
臨安府 中學堂
大理府 義豐泰
大理下關 福全臻
蒙自縣 萬瑞號
蒙自個舊廠 元興昌
四川 省城 四川雜誌支部
重慶 四川雜誌支部
嘉定府城外土橋街 寶善書局
夔州府 公立中學堂
順慶府城外 自成祥號
敘州府大南門外 劉春和君
安徽 安慶桐城縣南城內東後街姚南園 姚叔綸先生
安慶桐城縣宜民門內余家灣江宅 姚國威先生

湖南省城八角亭
南陽街
日本東京神田駿河臺
神田表神保町
神田區
早稻田鶴卷町
其他各大書坊
長野縣長野市宏文學院構內
支那留學生山西陳淡閣先生

明明譯社
作民書局
中國留學生會館
羣益書局
中國書林
振華書社
東華書局
同文館

倫敦 支那留學生會館
山西馬峻臺君
舊金山 大同日報館

夏聲雜誌社招股章程

(一)本社集足資本金二千元爲限分四百股每股五元有願入股者掣去本社收條爲據

(二)非同國人之股不收同國而聲名狼籍者其股亦不收

(三)本社資本金總額除由發起人承認四分之一外餘股均從事招集按兩期招齊凡第一期入股者作爲優先股有特別利權餘概作普通股

(四)本社每年進欵除各項支銷外其贏餘爲紅利分作十二成二成作爲公積二成作辦事者酬勞金餘八成按股均分

(五)凡內地銀元未通行之處無論股本股息皆以庫平銀七錢二分爲一元起算

(六)凡入股或集股至三十股以上者本社酬紅股二股多則遞加其應得紅利與正股同

(七)凡入股者本社給以股票息摺周年率息八厘於收股之次日起算每年中歷三月朔後向本社隨地暫設事務所執摺取息

(八)凡數人共擔一股者須以付名之一人爲定本社亦祗依股票上之人名是認

(九)凡紳商士庶不欲入股而以資金贊助本社者本社推爲名譽贊成員登名報端以鳴感謝但視其贊助之多寡以爲報酬之厚薄

(十)股票息摺如有遺失可報明本社俟無轇轕後即另行補給其所拾得之票摺亦

作爲廢物

（十一）如有人願將股票息摺轉售他人須親赴本社事務所將舊票摺繳銷另給新票摺以免歧誤

（十二）收股之期限　本社之股分兩期收集第一期三元戊申年正月朔後起六月晦日止第二期二元同年八月朔日起十二月底爲止但第一期全交者亦可其已交而二期過期不至者本社當作爲名譽贊成員其所得之權利與名譽贊成員同至第二期入股限期而未全交者已交之股亦作爲名譽贊成捐

（十三）股東之利益

(1) 凡入股至五十股以上者本雜誌出版後永遠送閱一份不取分文惟不在東京者須照加郵費

(2) 凡在五十股以上之股東如有新著新譯無論已刊未刊將譯已譯者或他要件而欲登常期或短期告白於本雜誌者本社照常例外特別優待減收三成

(3) 無論紳商士庶入股本社者皆得爲本社社員

（十四）股東之權限

(1) 本社雜誌之印費及雜費俱由定欵内支出社員於所納股分外無擔任經費之責任但有特別事件亦可臨時酌議

(2) 凡入股至二十股以上或數人而有二十股以上相當之資格者皆有稽查本社賬項之權但須前三日豫爲告知

(3) 凡入股而非本社幹事部編輯部各職員者不得有監督本社言論之權

夏聲雜誌社招股章程

(一)本社集足資本金二千元為限分四百股每股五元有願入股者掣去本社收條為據

(二)非同國人之股不收同國而聲名狼籍者其股亦不收

(三)本社資本金總額除由發起人承認四分之一外餘股均從事招集按兩期招齊凡第一期入股者作為優先股有特別利權餘概作普通股

(四)本社每年進欵除各項支銷外其贏餘為紅利分作十二成二成作為公積二成作辦事者酬勞金餘八成按股均分

(五)凡內地銀元未通行之處無論股本股息皆以庫平銀七錢二分為一元起算

(六)凡入股或集股至三十股以上者本社酬紅股二股多則遞加其應得紅利與正股同

(七)凡入股者本社給以股票息摺周年率息八厘於收股之次日起算每年中歷三月朔後向本社隨地暫設事務所執摺取息

(八)凡數人共擔一股者須以付名之一人為定本社亦祇依股票上之人名是認

(九)凡紳商士庶不欲入股而以資金贊助本社者本社推為名譽贊成員登名報端以鳴感謝但視其贊助之多寡以為報酬之厚薄

(十)股票息摺如有遺失可報明本社俟無轇轕後即另行補給其所拾得之票摺亦

作爲廢物

（十一）如有人願將股票息摺轉售他人須親赴本社事務所將舊票摺繳銷另給新票摺以免歧誤

（十二）收股之期限　本社之股分兩期收集第一期三元戊申年正月朔後起六月晦日止第二期二元同年八月朔日起十二月底爲止但第一期全交者亦可其已交而二期過期不至者本社當作爲名譽贊成員其所得之權利與名譽贊成員同至第二期入股限期而未全交者已交之股亦作爲名譽贊成捐

（十三）股東之利益

(1) 凡入股至五十股以上者本雜誌出版後永遠送閱一份不取分文惟不在東京者須照加郵費

(2) 凡在五十股以上之股東如有新著新譯無論已刊未刊將譯已譯者或他要件而欲登常期或短期告白於本雜誌者本社照常例外特別優待減收三成

(3) 無論紳商士庶入股本社者皆得爲本社社員

（十四）股東之權限

(1) 本社雜誌之印費及雜費俱由定款內支出社員於所納股分外無擔任經費之責任但有特別事件亦可臨時酌議

(2) 凡入股至二十股以上或數人而有二十股以上相當之資格者皆有稽查本社賬項之權但須前三日豫爲告知

(3) 凡入股而非本社幹事部編輯部各職員者不得有監督本社言論之權

本社代派所

西安
省城南院門 公益書局
省城健本小學堂 王正心君
省城教育會 南雪亭君
三原縣宏道學堂 李廸庵君
三原縣東城內 純惠堂
綏德州中學堂 安慶豐君
涇陽縣涇干小學堂 楊風軒君
渭南縣勸學所 王文紺君
同州府城內東街 郭文選君
榆林公立小學堂 高晉熙君
漢中城固縣鹽店街 常乾生君
宜君高等小學堂 張文通君
延安府中學堂 曹之鈍君
蒲城縣教育會 李良才君

甘肅
省城高等學堂 王章君
車正軌君

廣西
梧州府公益商店 粵西雜誌支部

山西
省城 教育總會
晉新書社
河東運城 迴瀾公司
解州 河東第一織紡公司

河南
省城西大街 大河書社
省城優級師範學校 張仲友君
葉縣師範傳習所 宋經畬君
信陽師範學堂 俞子吾君
衛輝府中學堂 秦長明君

雲南
省城 雲南雜誌支部開明書局
騰越廳 公學會
昭通府 廣開看報社
永昌府 新開縱覽社
臨安府 中學堂
大理府 義豐泰
大理下關 福全臻
蒙自縣 萬瑞號
蒙自個舊廠 元興昌

四川
省城 四川雜誌支部
重慶 四川雜誌支部
嘉定府城外土橋街 寶善書局
夔州府 公立中學堂
順慶府城外 自成祥號
敘州府大南門外 劉春和君

安徽
安慶桐城縣南城內 姚叔綸先生
東後街姚南園
安慶桐城縣宜民門內佘家灣汇宅 姚國威先生

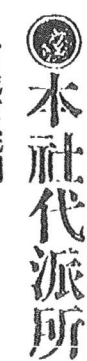

湖南省城 八角亭 南陽街 明明譯社 作民書局

日本東京 神田駿河臺 神田表神保町 中國留學生會館 羣益書局

神田 早稻田鶴卷町 中國書林 辟圖閣

其他各大書坊

長野縣 長野市宏文學院構內 支那留學生山西陳漢閣先生

倫敦 支那留學生

舊金山

留學生會館 山西馬駿聲君

大同日報館

夏聲第壹號勘誤表

正	誤	頁	行
足	居	二四	四
領	頷	五二	七
壤	壞	五五	二
〇	足	六八	二
徵	微	七一	一
度字下脫一煤字		七九	八
淘	洵	八四	一一
開	間	八七	八
於省	省於	八七	一〇
逢彼下脫之怒二字		全	一一
列強	強列	一二六	三
互	瓦	全	九
椎	推	一三一	一
爲	爭	一四四	三
以	已	全	四
世	甚	一六八	一
潛	潜	同	同

來社簡章第五條「處日」誤爲「日處」

報資

全年（十二冊）	半年份（六冊）	零售（一冊）
二元	一元一角	二角

郵費

本雜誌凡日本郵便能通之處每冊加郵費四分其餘若香港歐美等處每冊加郵費六分

廣告價目表

	一頁	半頁
一回	八圓	五圓
三回	二十一圓	十三圓
半年	三十八圓	二十四圓
全年	六十一圓	三十圓

廣告取次所

東京市小石川區第六天町夏聲雜誌社
東京市神田區中猿樂町四番地秀光社

陰曆	陽曆
正月初七日印刷	二月初八日印刷
正月二十五日發行	二月二十六日發行

編輯兼發行者　夏聲雜誌社　豐多摩郡下戶塚村[illegible]番地

編輯所　夏聲雜誌社發行所　東京小石川區第六天町[illegible]番地

發行所　夏聲雜誌社事務所　東京市神田區中猿樂町四番地

印刷所　秀光社　東京市神田區中猿樂町四番地　電話本局一九二五番

印刷人　藤澤外吉

代派所

陝西省城	南院門公益書局
陝西三原縣	東街存患堂
陝西同州府	郭文選君處
北京大學堂	李博君處
山西省城	教育總會
同	晉新書局
甘肅省城	高等學堂
河南省城四大街	大河書社
同優級師範學堂	張仲友君處
雲南省城	雲南雜誌社支部
四川省城	四川雜誌社支部
廣西省梧州府城	粵西雜誌社支部
上海中國公學	何鳴鳳君
日本東京	中國留學生總會館
同	中國書林
同	群益書社
美國	舊金山大同日報館
英國倫敦	中國留學生會館

本社簡章

(一)本社以開通風氣湔除敝俗灌輸最新學說發揮固有文明以鼓舞國民精神爲宗旨

(二)本雜誌依各大雜誌體例不分門類略括以論著時評學藝文藝雜纂等其他凡不與本雜誌宗旨背戾者隨時選入

(三)本雜誌月出一冊以中歷每月二十五日發行絕不延期

(四)本社除撰著及內地調查員無定外設總經理一人編輯三人庶務二人校對六人書記二人會計一人收發四人以執行社務均由社員更迭充選分途擔任

(五)本社報資從廉全年二元半年一元一角零售每冊二角郵費另加內地銀元未通行之處銀一元以庫平銀七錢二分折算

(六)代派員主任內外各埠分銷雜誌事件由各社員共保證背擔保倘有侵蝕欵項逾期不還解者即責償於原保不得推卸至代派員之報酬拾分以上者九折五十份以上者八折百份以上者七折多則遞加

(七)凡有捐資贊助本社者皆推爲本社名譽贊成員視捐助之多寡爲報酬之厚薄

(八)凡擔任本社事務及經濟者皆爲本社社員

(九)本社創辦基本金由發起人擔任四分之一外概從招集

(十)凡有與本社通信及投稿者請直寄日本東京小石川區第六天町四十番地本事務所

(十一)本社訪事規則另有專章願擔任訪員者請函告本社或各地代派處索閱可也

報資

全年（十二冊）	半年份（六冊）	零售（一冊）
二元	一元一角	二角

郵費

本雜誌凡日本郵便能通之處每冊加郵費四分其餘若香港歐美等處每冊加郵費六分

廣告價目表

	一頁	半頁
一回	八圓	五圓
三回	二十一圓	十三圓
半年	三十八圓	二十四圓
全年	六十一圓	三十圓

廣告取次所

東京市小石川區第六天町夏聲雜誌社
東京市神田區中猿樂町四番地秀光社

陰曆 正月初七日印刷 正月二十五日發行
陽曆 二月初八日印刷 二月二十六日發行

編輯兼發行者 夏聲雜誌社（[illegible]番地）
編輯所 夏聲雜誌社發行所（東京小石川區第六天町四十番地）
發行所 夏聲雜誌社事務所（東京市神田區中猿樂町四番地）
印刷所 秀光社（東京市神田區中猿樂町四番地 電話本局一九二五番）
印刷人 藤澤外吉

代派所

陝西省城	南院門公益書局
陝西三原縣	東街存惠堂
陝西同州府	郭文選君處
北京大學堂	李博君處
山西省城	教育總會
同	晉新書局
甘肅省城	高等學堂
河南省城西大街	大河書社
同優級師範學堂	張仲友君處
雲南省城	雲南雜誌社支部
四川省城	四川雜誌社支部
廣西省梧州府城	粵西雜誌社支部
上海中國公學	何鳴岡君
日本東京	中國留學生總會館
同	中國書林
同	羣益書社
美國	舊金山大同日報館
英國倫敦	中國留學生會館